# SOMMAIRE

Éditeur : Richard BRAULT • Directric...
Michel PIOT, Jacqueline URY, Raphaë...
LON, Eric DEFFONTAINE • Assistant...
réservation : Vanessa DEFAMIE • Re...
informatique éditoriale : PCConsulta...

Crédits photographiques : Couvertures : S...
Charpentier (p. 85) : Stéphane Kossmann • Portait Alain Passard (p. 9) : Carmen Barea

**BEST MENUS in PARIS** est publié par RESERVE THE BEST in FRANCE • 102, avenue des Champs-Elysées
75008 Paris • Tél : 01 42 25 10 10 • Fax : 01 53 75 41 95 • www.reservethebest.com • bestparis@wanadoo.fr

# INDEX PAR ARRONDISSEMENT

5

# French haute cuisine

## Cuisine gastronomique française

80€ et plus
*(Prix sans vin, taxes incluses)*

| | |
|---|---|
| *Réservations*<br>*Reservations* |  |
| *Salon privé*<br>*Private room* |  |
| *Service voiturier*<br>*Valet parking* |  |
| *Air conditionné*<br>*Air conditioning* |  |
| *Cravate souhaitée*<br>*Jacket or tie required* |  |
| *Terrasse*<br>*Outdoor dining* |  |
| *Cave exceptionnelle*<br>*Exceptional wine cellar* |  |
| *Vue exceptionnelle*<br>*Exceptional view* |  |
| *Ambiance musicale*<br>*Musical ambience* |  |

### Château
### Léoville Barton

CHÂTEAU
**LÉOVILLE BARTON**
1985
CRU CLASSÉ EN 1855

12,5% vol.          750 ml
SAINT-JULIEN
APPELLATION SAINT-JULIEN CONTRÔLÉE
S.A. DES CHÂTEAUX LANGOA ET LÉOVILLE BARTON
À B-JULIEN-BEYCHEVELLE - GIRONDE - FRANCE
MIS EN BOUTEILLE AU CHÂTEAU

*Second Grand Cru Classé en 1855*
*Saint-Julien*

FIDE·ET·FORTITUDINE

*French haute cuisine*

# L'Arpège

*Chef-propriétaire*
**Alain Passard**

*Directeur*
**Frédéric Le Clair**
*Maître d'hôtel*
**Laurent Lapaire**

84, rue de Varenne | 75007 Paris

Métro Varenne

Tél : 01 47 05 09 06 | Fax : 01 44 18 98 39

arpege.passard@wanadoo.fr | www.alain-passard.com

**A la carte :** 250 €

A deux pas des Invalides et du musée Rodin, Alain Passard, le rôtisseur, invente une cuisine «légumière», nous offrant une palette de parfums sans cesse renouvelée au fil des saisons. Sa carte consacre les mariages de saveurs les plus inattendus. Le monde entier accourt dans cette salle d'une sobriété lumineuse et moderne aux murs en bois de poirier et cristal Lalique. Cette maison rend heureux. Cave superbe.

Just a few steps from the Invalides and the Musée Rodin, Alain Passard the roaster creates a cuisine "A la vegetable", offering us a palette of flavors renewing itself through the course of the seasons. His menu is dedicated to the most unexpected marriages of flavors. The whole world rushes up to this modern and luminously understated dining room of pear tree wood and Lalique Crystal. Superb cellar.

*Déjeuner : lundi au vendredi*
*Dîner : lundi au vendredi*

*Lunch : monday to friday*
*Dinner : monday to friday*

*French haute cuisine*

# Les Ambassadeurs

*Chef*
Jean-François Piège

*Directeur*
Patrice Willems

| | |
|---|---|
| Hôtel de Crillon │ 10, place de la Concorde │ 75008 Paris | |

Métro Concorde

Tél : 01 44 71 16 16 │ Fax : 01 44 71 15 02

restaurants@crillon.com │ www.crillon.com

**Menu :** déjeuner 70 €

**A la carte :** 160 €

L'Hôtel de Crillon abrite un restaurant gastronomique de haute qualité. Chefs d'Etat, artistes et écrivains viennent dans ce lieu unique, écrin de la gastronomie française réalisée par Jean-François Piège. Préparations raffinées, qui font découvrir les subtilités des grands produits français. Les desserts de Jérôme Chaucesse explosent de raffinement. Le sommelier, David Biraud, meilleur sommelier de France 2002, apporte un point d'orgue à ces saveurs.

At the Place de la Concorde, the Hôtel de Crillon hosts a first-class gourmet restaurant of which the whole capital is proud. Heads of State, artists and writers all come to this unique place to taste a cuisine of grand tradition crafted by Jean-François Piège. Refined dishes, that reveal the subtleties of great French ingredients. Jérôme Chaucesse's desserts are fabulous. The wine steward, David Biraud, the top young wine steward of the year 2002 in France, is the icing on the cake.

*Déjeuner : mardi au samedi*
*Dîner : lundi au samedi*

*Lunch : tuesday to saturday*
*Dinner : monday to saturday*

*French haute cuisine*

# Le Bristol

*Chef*
Eric Frechon

*Directeur général*
Pierre Ferchaud

🏨 Hôtel Bristol | 112, rue du Faubourg-Saint-Honoré | 70008 Paris

🚗 *Métro Miromesnil - Champs-Elysées Clémenceau*

📱 Tél : 01 53 43 43 40 | Fax : 01 53 43 43 01

❄ resa@lebristolparis.com | www.lebristolparis.com

☂ **Menus :** 75 € - dégustation 160 €

**A la carte :** 140 €

Eric Frechon, Meilleur Ouvrier de France, officie dans les cuisines de ce magnifique restaurant du palace le plus prestigieux du Faubourg Saint-Honoré. Orfèvre dans l'élaboration des sauces, ce Chef possède le don de «cuire juste» tous les produits qu'il choisit avec rigueur. A déguster et découvrir avec autant de plaisir, les vins que suggère le talentueux Chef-sommelier, Jérôme Moreau.

The award-winning Eric Frechon presides over the kitchens of this superb flower-filled restaurant in the Faubourg Saint-Honoré's most prestigious Hotel. The Chef's sauces are true works of art and he has an innate sense of how to cook his carefully selected produce in just the right way. The talented Head Wine Steward, Jérôme Moreau, will help you discover their variety of wines.

*Déjeuner : ouvert tous les jours*
*Dîner : ouvert tous les soirs*

*Lunch : open everyday*
*Dinner : open every night*

*French haute cuisine*

# Carré des Feuillants

*Chef-propriétaire*
Alain Dutournier

*Maîtres d'hôtel*
Patrick Vildary,
Philippe Macquet

14, rue de Castiglione | 75001 Paris

*Métro Tuileries*

Tél : 01 42 86 82 82 | Fax : 01 42 86 07 71

carre.des.feuillants@wanadoo.fr

**Menus :** déjeuner 65 € - "Idées de la saison" 150 €

**A la carte :** 120 €

Entre la Place Vendôme et le Jardin des Tuileries, le Carré des Feuillants a été entièrement rénové en 2003 par Alberto Bali (peintre-sculpteur) dans une perspective très contemporaine et en parfait accord avec l'esprit actuel de la cuisine d'Alain Dutournier. Amateurs de cuisine inventive, courez-y, pour le plaisir de la bouche et des yeux.

The reputation of the Carré des Feuillants is as true as ever but the transformation that Alberto Bali (painter-sculptor) orchestrated during the summer 2003 for his friend Alain Dutournier is striking. Amateur of creative cuisine hurry to this restaurant, a treat for the mouth and the eyes.

*Déjeuner : lundi au vendredi*
*Dîner : lundi au vendredi*

*Lunch : monday to friday*
*Dinner : monday to friday*

*French haute cuisine*

# Le Céladon

*Chef*
Christophe Moisand

*Directeur général*
Volker Zach

Hôtel Westminster | 15, rue Daunou | 75002 Paris

Métro Opéra

Tél : 01 47 03 40 42 | Fax : 01 42 61 33 78

infos@leceladon.com | www.leceladon.com

**Menus :** 51 € (vin et café inclus) - dîner 66 €

**A la carte :** 90 €

Dans un élégant décor aux chromatismes vert céladon, ce précieux restaurant proche de la Place Vendôme, propose la carte de Christophe Moisand, riche de classicisme et de modernité. Ses plats conjuguent charme et personnalité autour de produits à la fraîcheur irréprochable et à la cuisson d'une rare précision.

In an elegant setting in shades of celadon green, this refined restaurant near the Place Vendôme offers Christophe Moisand's cuisine, full of classic as well as modern dishes. His food combines charm and individuality around faultlessly fresh ingredients and a rare precision in his cooking skill.

*Déjeuner :* lundi au vendredi
*Dîner :* lundi au vendredi

*Lunch :* monday to friday
*Dinner :* monday to friday

*French haute cuisine*

# Le Cinq

*Chef*
Philippe Legendre

*Directeur*
Eric Beaumard

| | |
|---|---|
| Four Seasons Hôtel George V \| 31, avenue George-V \| 75008 Paris |
| *Métro George V* |
| Tél : 01 49 52 71 54 \| Fax : 01 49 52 71 81 |
| lecinq.par@fourseasons.com \| www.fourseasons.com |
| **Menus :** déjeuner 85 € - dîner 120 € |
| **A la carte :** 160 € à 250 € |

Le Cinq, restaurant du Four Seasons Hotel George V, réunit deux talents. Philippe Legendre, Meilleur Ouvrier de France, compose une carte pleine de saveurs que son ami, Eric Beaumard, Meilleur Sommelier du Monde 1998 (Médaille d'argent) et son assistant, Enrico Bernado, Meilleur Sommelier du Monde 2004, accordent avec finesse aux jolis crus de la cave.

Le Cinq, the restaurant of the Four Seasons George V Hotel, combines two talents. Philippe Legendre, Best French Craftsman, conjures up a flavor packed menu enhanced with finesse by the attractive wines that his friend Eric Beaumard, Best World Wine Steward 1998 and his assistant, Enrico Bernado, Best World Wine Steward 2004, have in the cellar.

*Déjeuner : ouvert tous les jours*
*Dîner : ouvert tous les soirs*

*Lunch : open everyday*
*Dinner : open every night*

*French haute cuisine*

# Au Comte de Gascogne

*Chef-propriétaire*
Henri Charvet

*Co-propriétaire*
Jackie Charvet

89, avenue Jean-Baptiste-Clément | 92100 Boulogne-Billancourt

*Métro Pont de Saint-Cloud*

Tél : 01 46 03 47 27 | Fax : 01 46 04 55 70

aucomtedegasc@aol.com

**Menus :** déjeuner affaires 54 € - dégustation 99 €

**A la carte :** environ 100 €

Toujours souriant, le "Maître-Cuisinier de France" Henri Charvet et son épouse vous offrent le charme du dépaysement dans leur restaurant-jardin au toit ouvrant, débordant de verdure de saison. Ils vous invitent à déguster les saveurs d'une cuisine aussi subtile et légère qu'authentique et raffinée. Spécialités de foies gras frais de canard, produits de la mer. Jolie cave et excellent service. Une maison de grande qualité.

The ultimate getaway! You're surrounded by exotic flowers and trees; a bubbling fountain and chirping birds provide the background music. The refined cuisine is as refreshing as the decor. The restaurant's name is inspired by a region famous for its foie gras, so a number of succulent variations on this theme are served. The welcome and service are equally delightful, making this restaurant well worth a visit on all accounts! Great Armagnac cellar.

*Déjeuner : lundi au vendredi*
*Dîner : mardi au samedi*

*Lunch : monday to friday*
*Dinner : tuesday to saturday*

*French haute cuisine*

# Copenhague

Chef
Georges Landriot

Directeur
Jean-Jacques Guillot

142, avenue des Champs-Elysées | 75008 Paris

Métro George-V

Tél : 01 44 13 86 26 | Fax : 01 44 13 89 44

floradanica@wanadoo.fr | www.restaurantfloradanica.com

**A la carte :** 100 €

En été, la terrasse au design scandinave vous offre le soleil et l'animation des Champs-Elysées. A l'intérieur, un portrait de la Reine du Danemark préside la salle à manger. Le Copenhague est la synthèse idéale d'une grande cuisine franco-danoise, réalisée par le talentueux Georges Landriot. Idem pour la cave où les vins côtoient les meilleures bières et aquavit danois. On ne trouve pas aussi bien à Copenhague !

In the summer season, the sun streams down onto the terrace of this Scandinavian-designed restaurant with a portrait of the Queen of Denmark overlooking the dining room. With the sight of the Champs-Elysées and the combined French-Danish cuisine, you'll indeed say that this is the ideal synthesis, created by talented Georges Landriot. The same goes for the cellar where French wines are next to the best Danish beers and aquavit. One can't find better in Copenhagen!

*Déjeuner : lundi au vendredi*
*Dîner : lundi au vendredi*

*Lunch : monday to friday*
*Dinner : monday to friday*

*French haute cuisine*

# Drouant

*Chef-directeur*
Louis Grondard

*Maître d'hôtel*
James Berthelot

18, place Gaillon | 75002 Paris

Métro Opéra

Tél : 01 42 65 15 16 | Fax : 01 49 24 02 15

drouant.rv@elior.com | www.drouant.com

**Menus :** déjeuner 56 € - dégustation 104 €

**À la carte :** 130 €

Le célèbre salon où se réunit le jury du prix Goncourt est à l'étage. Si vous voulez apprécier la finesse et l'élégance de la cuisine du Chef, Louis Grondard, dans toute la majesté Art Déco de cette grande maison, c'est néanmoins au rez-de-chaussée, au pied du monumental escalier signé Ruhlmann, que vous serez le mieux.

The celebrated salon that plays host to the jury of the literary Prix Goncourt is upstairs. But if you're here to appreciate Chef Louis Grondard's brilliant cuisine, you're best off downstairs in the majestic Art Deco dining room at the foot of a monumental staircase designed by Ruhlmann. There, you'll savor the elegance of the renowned master.

*Déjeuner : lundi au vendredi*
*Dîner : lundi au vendredi*

*Lunch : monday to friday*
*Dinner : monday to friday*

*French haute cuisine*

# Les Elysées du Vernet

*Chef-directeur*
Eric Briffard

*Responsable de salle*
Christophe Kelsch

25, rue Vernet | 75008 Paris

Métro Georges V ou Charles de Gaulle Etoile

Tél : 01 44 31 98 98 | Fax : 01 44 31 85 69

elysees@hotelvernet.com | www.hotelvernet.com

**Menus :** déjeuner 60 € (76 € vins compris) - dégustation 130 €

**A la carte :** 120 €

Non loin de la Place de l'Etoile, l'Hôtel Vernet fut construit en 1913 dans le plus pur style Art Nouveau. Aujourd'hui, sous la coupole de verre de l'époque, la cuisine intelligente d'Eric Briffard (M.O.F.) est orchestrée à la perfection par une brigade attentive à la symphonie gourmande. Produits exceptionnels tels que le buri, poisson japonais que l'on trouve ici en exclusivité à Paris, accompagné de coquillages apprêtés de façon raffinée.

Near the Place de l'Etoile and the Champs Elysées, the Hôtel Vernet was built in 1913 in the purest Art Nouveau style. Beneath the original glass dome, the Chef Eric Briffard orchestrates his kitchens to perfection with a team harmoniously in tune with the culinary symphony that takes place there. You'll relish quality products transcended into exceptional flavors, such as the "buri", a Japanese fish one can only find here in Paris.

*Déjeuner : mardi au vendredi*
*Dîner : lundi au vendredi*

*Lunch : tuesday to friday*
*Dinner : monday to friday*

*French haute cuisine*

# L'Espadon

*Chef des cuisines*
Michel Roth

*Directeur de salle*
Olivier Boucachard

| | |
|---|---|
| 🏨 | Hôtel Ritz Paris \| 15, place vendôme \| 75001 Paris |
| 🚇 | Métro Opéra |
| ✴ | Tél : 01 43 16 30 80 \| Fax : 01 43 16 33 75 |
| ✉ | food-bev@ritzparis.com \| www.ritzparis.com |
| 🎵 | **Menus :** 68 € · dîner dégustation 180 € |
| 🍴 | **A la carte :** 150 € |

◯ Joyau gourmand du Ritz, palace de légende qui accueillit Coco Chanel, Hemingway, Marcel Proust, les Windsor, et tant d'autres célébrités, ce restaurant propose une cuisine à la hauteur de son environnement prestigieux. Son Chef, Michel Roth, Bocuse d'Or et Meilleur Ouvrier de France, est un artiste au talent immense. Dans ce cadre enchanteur, où le service est unique, discret et chaleureux, vous apprécierez la carte qui suit les saisons.

✱ Nestled in the famous luxurious Ritz, graced by Coco Chanel, Hemingway, Marcel Proust, the Windsors and many other stars, this restaurant is worthy of its exalted surroundings. Chef Michel Roth, "Bocuse d'Or" culinary prize holder and Best French Craftsman, is a very gifted artist. In this magical setting, with its unique, discreet and friendly service, enjoy his seasonal cuisine.

*Déjeuner : ouvert tous les jours*
*Dîner : ouvert tous les soirs*

*Lunch : open everyday*
*Dinner : open every night*

*French haute cuisine*

# Le Grand Véfour

*Chef*
Guy Martin

*Maître d'hôtel*
Christian David

17, rue de Beaujolais | 75001 Paris

Métro Palais Royal

Tél : 01 42 96 56 27 | Fax : 01 42 86 80 71

grand.vefour@wanadoo.fr

**Menus :** déjeuner 75 € - dégustation 250 €

**A la carte :** 175 €

Sur ces banquettes s'asseyèrent Napoléon et Joséphine, Victor Hugo, Balzac, Colette ou encore Brel. Merveilleusement rénové il y a quinze ans, le Grand Véfour, sous les arcades du Palais Royal, est l'une des toutes premières tables de Paris. Grâce en soit rendue à son Chef et directeur général, le savoyard Guy Martin, trois étoiles au Michelin depuis 2000. Vous allez être ébloui par sa cuisine. Cave et service exceptionnels.

Here, the benches used to welcome the likes of Napoleon and Josephine, Victor Hugo, Balzac, Colette or Brel. This renowned establishment, nestling under the arcades of the Palais Royal was marvelously renovated some 15 years ago. It's no secret that this is one of Paris's finest restaurants, largely due to the consummate talents of its head Chef Guy Martin. You'll be amazed by his cuisine. Exceptional cellar and service.

*Déjeuner : lundi au vendredi*
*Dîner : lundi au jeudi*

*Lunch : monday to friday*
*Dinner : monday to thursday*

*French haute cuisine*

# La Grande Cascade

*Chef*
Richard Mebkhout

*Propriétaires*
Georges Menut
Bertrand Menut

Allée de Longchamp | 75016 Paris

Métro Porte Maillot ou Porte Dauphine

Tél : 01 45 27 33 51 | Fax : 01 42 88 99 06

contact@lagrandecascade.fr | www.lagrandecascade.fr

**Menus :** menu du marché 70 € - menu dégustation 165 €

**A la carte :** 150 €

La famille Menut est propriétaire de cet admirable pavillon Napoléon III niché dans le Bois de Boulogne, près des champs de course de Longchamp. Le décor exceptionnel comme la salle en rotonde à la vaste verrière donne du bonheur toute l'année. Quant à la cuisine du Chef, Richard Mebkhout, elle se veut de saveurs plutôt qu'à la mode, sincère plutôt que provocante.

The Menut family owns this wonderful mansion dating back to the time of Napoleon III, pleasantly located in the Bois de Boulogne. The terrace is magical in fine weather, and the circular dining room with its expanded window is a pleasure all year round. As for the cuisine of Chef Richard Mebkhout, it is concerned with flavor rather than with fashion, it is genuine rather than provocative.

*Déjeuner :* ouvert tous les jours
*Dîner :* ouvert tous les soirs

*Lunch :* open everyday
*Dinner :* open every night

21

# GRAND CRU CLASSE

# CHATEAU
# DU TERTRE

*French haute cuisine*

# Guy Savoy

*Chef-propriétaire*
Guy Savoy

*Sommelier*
Eric Mancio

18, rue Troyon | 75017 Paris

Métro Charles de Gaulle-Etoile

Tél : 01 43 80 40 61 | Fax : 01 46 22 43 09

reserv@guysavoy.com | www.guysavoy.com

**Menus :** de 210 à 285 €

**A la carte :** 170 €

Tous les grands cuisiniers ont de fortes qualités humaines. Celles de Guy Savoy sont exceptionnelles. Ancien élève de Troisgros, ce doux allie la bonté et la générosité à un fantastique talent de cuisinier. Eric Mancio, responsable de la salle et également sommelier, extrait d'une formidable cave des vins d'un remarquable rapport qualité-prix. Décor signé Jean-Michel Wilmotte.

Guy Savoy is an artist. He scrupulously selects his ingredients according to their origins and pays them the utmost respect, orchestrating extraordinary variations on flavors and textures that have earned him his golden reputation. The end result is some of the finest fare in the world, classics deftly reinterpreted with cutting-edge culinary techniques. Its splendid dining room is a showplace for modern art, and the service is always impeccable.

*Déjeuner : mardi au vendredi*
*Dîner : mardi au samedi*

*Lunch : tuesday to friday*
*Dinner : tuesday to saturday*

*French haute cuisine*

# Jacques Cagna

*Chef-propriétaire*
Jacques Cagna

*Co-propriétaire*
Annie Logereau

| | |
|---|---|
| 14, rue des Grands-Augustins | 75006 Paris |
| *Métro Saint-Michel* | |
| Tél : 01 43 26 49 39 | Fax : 01 43 54 54 48 |
| jacquescagna@hotmail.com | www.jacques-cagna.com |
| **Menus :** déjeuner 40 - 85 € - dîner 85 € | |
| **A la carte :** 90 € | |

 L'esprit de cet historique hôtel particulier décoré de boiseries de chêne et de peintures flamandes ne vieillit pas. Jacques Cagna privilégie une cuisine créative aux goûts nets qui s'appuie sur des produits splendides. L'accueil de sa sœur Annie est toujours parfait. Carte des vins exceptionnelle.

The spirit of this historical private Hotel decorated with Flemish paintings and oak woodwork does not age. Jacques Cagna has privileged us with a creative cuisine that is based on only acutely fresh and splendid produce. Exceptional wine list. His hostess sister Annie always welcomes you in the warmest way.

*Déjeuner :* mardi au vendredi
*Dîner :* lundi au samedi

*Lunch :* tuesday to friday
*Dinner :* monday to saturday

*French haute cuisine*

# Le Jules Verne

*Chef-directeur*
Alain Reix

*Maître d'hôtel*
Francis Coulon

2e étage de la Tour Eiffel | 75007 Paris

*Métro Trocadéro*

Tél : 01 45 55 61 44 | Fax : 01 47 05 29 41

**Menus :** déjeuner 53 € (lundi au vendredi) - dîner 120 €

**A la carte :** 130 € - 150 €

La cuisine inventive de Alain Reix, chef et directeur de ce lieu unique, est tout à fait à la hauteur... du deuxième étage de la Tour Eiffel, où l'on arrive par un ascenseur direct et privé. D'ici, la vue sur Paris et l'enfilade des ponts sur la Seine est par tout temps unique au monde. Le décor épuré de Slavik s'efface alors volontiers devant ce spectacle grandiose.

High above the ground, on the second floor of the Eiffel Tower, the Jules Verne's cuisine has definitely reached new heights. Alain Reix, Chef and manager of this definitely unique place, entices you with his inventive cuisine while you are seated in fine elegant decor, delighting your mind with the spectacle below as seen from the sky above.

*Déjeuner : ouvert tous les jours*
*Dîner : ouvert tous les soirs*

*Lunch : open everyday*
*Dinner : open every night*

*French haute cuisine*

# Lasserre

*Chef exécutif*
Jean-Louis Nomicos

*Directeur*
Monsieur Louis

| | |
|---|---|
| 🏛 | 17, avenue Franklin Roosevelt \| 75008 Paris |
| 🚗 | *Métro Franklin D. Roosevelt* |
| 📷 | Tél : 01 43 59 53 43 \| Fax : 01 45 63 72 23 |
| ✳ | lasserre@lasserre.fr \| www.lasserre.fr |
| 🔋 | **Menus :** déjeuner 75 € - dégustation 185 € |
| 🔪 | **A la carte :** 135 € |

🌑 Lasserre est un monument avec son fameux toit ouvrant «plein ciel», de réputation mondiale. Cette salle à manger d'étage, au décor «années cinquante» entièrement rénové, n'en est pas moins un des hauts lieux parisiens du bien-manger grâce à Jean-Louis Nomicos. Le ballet des serveurs et l'empressement de Monsieur Louis méritent la palme de l'excellence.

✳ Lasserre, with its famous roof open to the sky, is a monument of world repute. This upper story dining room, with its 1950s fully restored decor, is one of the high spots of good food in Paris thanks to Jean-Louis Nomicos. The corps of service and Monsieur Louis' attentiveness deserve a prize for excellence.

*Déjeuner :* jeudi au vendredi
*Dîner :* lundi au samedi

*Lunch :* thursday to friday
*Dinner :* monday to saturday

*French haute cuisine*

# Laurent

Chef
Alain Pégouret

Directeur et Chef-sommelier
Philippe Bourguignon

41, avenue Gabriel | 75008 Paris

*Métro Champs-Elysées-Clémenceau*

Tél : 01 42 25 00 39 | Fax : 01 45 62 45 21

info@le-laurent.com | www.le-laurent.com

**Menus :** 70 € et 150 €

**A la carte :** 150 €

Dans les jardins du Rond-Point des Champs Elysées, cette institution luxueuse et gourmande est dirigée de main de maître par Philippe Bourguignon. Alain Pégouret, jeune star issue de l'école Robuchon, sait comme pas un apporter une touche personnelle et novatrice à un répertoire qui sait mettre en valeur ce que le classicisme a de meilleur. Tout cela est mis en scène par un service parfait, enlevé comme une œuvre d'Offenbach.

Between the Place de la Concorde and the Rond-Point des Champs-Elysées, this recently and beautifully renovated institution is for people who enjoy good food in luxurious surroundings. The bewitching setting wonderfully sets off Alain Pégouret's cuisine, a young star trained with Joël Robuchon. Like no one else, he is able to bring a significant personal and original touch to a repertoire that has always placed great value on the best of traditional dishes.

*Déjeuner : lundi au vendredi*
*Dîner : lundi au samedi*

*Lunch : monday to friday*
*Dinner : monday to saturday*

27

*French haute cuisine*

# Michel Rostang

*Chef-propriétaire*
Michel Rostang

*Co-propriétaire*
Marie-Claude Rostang

20, rue Rennequin | 75017 Paris

Métro Ternes

Tél : 01 47 63 40 77 | Fax : 01 47 63 82 75

rostang@relaischateaux.com | www.michelrostang.com

**Menus :** déjeuner 70 € - dîner 175 €

**A la carte :** 152 €

Passionné de beaux objets, Michel Rostang a fait de son restaurant l'un des hauts lieux du bon goût, charmant l'œil d'une collection unique de Robj, meublant l'espace d'une accumulation d'Arman, d'une «Nana» de Nikki de Saint-Phalle ou d'une compression de César. Les plaisirs de la table sont à l'unisson du nouveau décor, mêlant en une même tentation les saveurs délicatement modernes et les recettes transmises de génération en génération.

A fan of beautiful things, Michel Rostang has transformed his restaurant into a haven of good taste, boasting unique works of art by Robj, Arman, a Nikki de Saint Phalle sculpture, and a compressed car by César. The delightful menu blends pleasantly with the new decor, creating a tempting mix of deftly modern flavors and recipes handed down from generation to generation.

*Déjeuner : mardi au vendredi*
*Dîner : lundi au samedi*

*Lunch : tuesday to friday*
*Dinner : monday to saturday*

*French haute cuisine*

# Pierre Gagnaire

*Chef*
Pierre Gagnaire

*l'Équipe*

6, rue Balzac | 75008 Paris

*Métro George-V*

Tél : 01 58 36 12 50 | Fax : 01 58 36 12 51

p.gagnaire@wanadoo.fr | www.pierre-gagnaire.com

**Menus :** déjeuner du marché 90 € - dégustation 225 €

**A la carte :** 150 €

L'intuition fulgurante et la réflexion composent à part égale le génial talent de Pierre Gagnaire. Ses créations exubérantes et uniques excitent la curiosité autant que les papilles. Poète des fourneaux au cœur énorme, il met en avant l'inappréciable fidélité d'une équipe. Sa carte est la plus inventive de Paris. Cave très bien étudiée.

Pierre Gagnaire's genius is made up of equal proportions in impulsive intuition and careful thought. He instills his rare creative skills into exuberant, inspired and quite unique dishes that will electrify your curiosity as well as your taste buds. A poet of the cooking stove with a heart of gold, he immediately insists on the priceless loyalty of a team. His menu is the most inventive in Paris. Very carefully worked out cellar.

*Déjeuner : lundi au vendredi*
*Dîner : dimanche au vendredi*

*Lunch : monday to friday*
*Dinner : sunday to friday*

*French haute cuisine*

# Le Pré Catelan

*Chef*
Frédéric Anton

*Directrice*
Elisabeth Demazel

Bois de Boulogne | Route de Suresnes | 75016 Paris

*Métro Porte Dauphine ou Porte Maillot*

Tél : 01 44 14 41 14 | Fax : 01 45 24 43 25

leprecatelan-restaurant@lenotre.fr | www.lenotre.fr

**Menus :** déjeuner 60 - 120 - 160 € - dîner 120 - 160 €

**A la carte :** 100 - 160 €

Fleuron gastronomique de la maison Lenôtre, ce pavillon Napoléon III au charme fou, sis au cœur même du Bois de Boulogne, propose la cuisine ludique, en apparence classique et simple mais cependant créative d'un des meilleurs disciples de Joël Robuchon, Frédéric Anton. Se déplacer pour y découvrir son travail vaut tous les voyages. La cave est superbe et le service est parfait sans être trop guindé.

A gastronomic jewel of Lenôtre, this very charming Napoleon III mansion, located in the heart of the Bois de Boulogne, offers a cuisine seemingly classic and simple but nevertheless creative by one of the best followers of Joël Robuchon followers, Frédéric Anton. Visiting his establishment and discovering his cuisine is a journey in itself. The cellar is superb and the service exact.

*Déjeuner : mardi au samedi*
*Dîner : mardi au samedi*

*Lunch : tuesday to saturday*
*Dinner : tuesday to saturday*

*French haute cuisine*

# Taillevent

*Chef*
Alain Solivérès

*Propriétaire*
Jean-Claude Vrinat

15, rue Lamennais | 75008 Paris

*Métro Charles de Gaulle-Etoile*

Tél : 01 44 95 15 01 | Fax : 01 42 25 95 18

mail@taillevent.com | www.taillevent.com

**Menus :** déjeuner 70 € - dégustation 130 € - saveurs et découvertes 180 €

**A la carte :** 150 - 210 €

Hommage au grand cuisinier du Moyen-Âge, cet ancien hôtel particulier du Duc de Morny est la propriété du discret et souriant Jean-Claude Vrinat, prince de l'art de vivre. Les boiseries XIXème offrent un cadre digne d'elle à la lumineuse cuisine d'Alain Solivérès, disciple préféré d'Alain Ducasse. Il maîtrise à merveille les grands classiques et apporte une touche ensoleillée à des plats séduisants. La cave est une des plus belles au monde.

The discrete tradition, the sheen on the old wood paneling and the simple luxury of Jean-Claude Vrinat's restaurant is a whole different world from the showy fashionable excess and kitsch found in many other establishments. Great classical cuisine, with a touch of the modern. The cellar is one of the most sumptuous and comprehensive in the world.

*Déjeuner : lundi au vendredi*
*Dîner : lundi au vendredi*

*Lunch : monday to friday*
*Dinner : monday to friday*

31

*French haute cuisine*

# La Tour d'Argent

*Chef*
Jean-François Sicallac

*Propriétaire*
Claude Terrail

| | |
|---|---|
| 📠 | 15, quai de la Tournelle │ 75005 Paris |
| 🚇 | *Métro Pont-Marie* |
| ☎ | Tél : 01 43 54 23 31 │ Fax : 01 44 07 12 04 |
| ✳ | www.latourdargent.com |
| 🍽 | **Menu :** déjeuner 70 € |
| 📋 | **A la carte :** 125 - 200 € |

La plus fascinante table du monde et sa sublime vue plongeante sur Notre-Dame et la Seine sont liées pour l'éternité à Claude Terrail, qui vient d'offrir à sa légendaire maison un lifting complet pour son entrée dans le troisième millénaire. Le Chef Jean-François Sicallac met merveilleusement en valeur les classiques maison tout en enrichissant ce répertoire unique de ses apports personnels.

The most fascinating table in the world is forever linked with its legendary owner, Claude Terrail. His pleasure is to delight us with the breathtaking view that every sitting in his restaurant offers over the Seine. The Chef Jean-Francois Sicallac marvelously emphasizes classic "house" specialties and brings his own personal touch to the repertoire.

*Déjeuner :* mercredi au dimanche
*Dîner :* mardi au dimanche

*Lunch :* wednesday to sunday
*Dinner :* tuesday to sunday

32

# Le Champagne
## des Grandes Tables

# Seafood

## Poisson

de 40 à 150 €
*(Prix sans vin, taxes incluses)*

Réservations
Reservations

Salon privé
Private room

Service voiturier
Valet parking

Air conditionné
Air conditioning

Cravate souhaitée
Jacket or tie required

Terrasse
Outdoor dining

Cave exceptionnelle
Exceptional wine cellar

Vue exceptionnelle
Exceptional view

Ambiance musicale
Musical ambience

*Seafood*

# Le Divellec

*Chef*
Jean-Pierre Foing

*Chef-propriétaire*
Jacques Le Divellec

107, rue de l'Université | 75007 Paris

*Métro Invalides*

Tél : 01 45 51 91 96 | Fax : 01 45 51 31 75

ledivellec@noos.fr

**Menus :** déjeuner 50 - 65 €

**A la carte :** 152 €

Le Divellec est souvent cité comme le plus grand spécialiste de la cuisine marine à Paris. Avec ce grand prêtre jovial et débonnaire de la cuisine du poisson, vous ferez vos dévotions admiratives à des plats qui depuis vingt ans d'existence n'ont pas pris une ride et qui sont toujours réclamés par les nombreux fidèles.

Politicians, artists, publishers and journalists pay frequent solo or group visits to this handsome, nautically-inspired dining room. You too will surely be enamored of the jovial, debonair Le Divellec once you have sampled any number of dishes that have been on the menu for twenty years now and are still as strong as ever.

*Déjeuner : lundi au vendredi*
*Dîner : lundi au vendredi*

*Lunch : monday to friday*
*Dinner : monday to friday*

*Seafood*

# Cristal Room Baccarat

*Chef de cuisine*
Thierry Burlot

*Chef de cuisine adjoint*
Erwan Gestin

11, place des Etats-Unis | 75116 Paris

*Métro Boissière ou léna*

Tél : 01 40 22 11 10 | Fax : 01 40 22 11 99

www.baccarat.fr

**A la carte :** 60 €

Dans ce superbe hôtel particulier où vécut Marie-Laure de Noailles, aujourd'hui redessiné par Philippe Starck, on vient non seulement pour visiter la boutique, le musée et la somptueuse salle de réception de Baccarat, mais aussi pour déguster, au fil des saisons, la cuisine dépouillée de Thierry Burlot. Prévoir une réservation à l'avance.

For this restaurant, crystal artist Baccarat chose a residence in this superb private Hotel, where Marie-Laure de Noailles used to live. In this magical place, redesigned by Philippe Starck, one comes to visit the museum, the boutique and Baccarat's sumptuous reception room and also to sample a universe of seasonal high quality products concocted into scrumptious fare by Chef Thierry Burlot. Reservation required.

*Déjeuner : lundi au samedi*
*Dîner : lundi au samedi*

*Lunch : monday to saturday*
*Dinner : monday to saturday*

*Seafood*

# Caviar Kaspia

*Maîtres d'hôtel*
**Stelio et Daniel**

*Directeur du restaurant*
**Ramon Mac-Crohon**

17, place de la Madeleine | 75008 Paris

*Métro Madeleine*

Tél : 01 42 65 33 32 | Fax : 01 42 66 66 26

restaurant@kaspia.fr | www.caviarkaspia.com

**Menu :** déjeuner 74 €

**A la carte :** 80 €

Caviar Kaspia, véritable monument de la Place de la Madeleine, est depuis les années 20 synonyme de plaisir, de luxe et de soirées raffinées. Aujourd'hui ce lieu est devenu le rendez-vous des «beautiful people». Tous les caviars bien sûr, mais aussi les assiettes de poisson fumé, les très rares saumons sauvages de Norvège, le meilleur jambon pata negra... Une cuisine simple au service de produits d'une grande qualité.

Caviar Kaspia, a genuine monument in the Place de la Madeleine, has been synonymous with pleasure, luxury and elegant parties since the 1920's. Nowadays, this restaurant has become the place where fashion designers, artists, writers and business professionals meet. Every kind of caviar of course, but also smoked salmon, the highly rare wild Norwegian salmon, the best pata negra ham. A simple cuisine serving the finest quality produce.

*Déjeuner : lundi au samedi*
*Dîner : lundi au samedi*

*Lunch : monday to saturday*
*Dinner : monday to saturday*

*Seafood*

# Prunier

*Maître d'Hôtel*
Olivier Chanal

*Directeur général*
Jean-Pierre
Esmilaire

16, avenue Victor Hugo | 75016 Paris

*Métro Charles de Gaulle Etoile*

Tél : 01 44 17 35 85 | Fax : 01 44 17 90 10

**Menus :** Florilège (déjeuner) 29 € - Signatures (déjeuner et dîner) 49 €

**A la carte :** 60 €

RESTAURANT ET SEAFOOD BAR. Dans cette salle Art Déco unique, le fin gourmet pourra succomber à tout ce qui vient de la mer. Ouvert en 1925, Prunier vient de retrouver sa vocation première de brasserie de luxe avec sa nouvelle carte. Vous y trouverez entre autres, son banc d'écailler, le vaste choix de préparations du fameux saumon Balik, des prix accessibles et des menus "Signatures" (3 plats) pour vous tenter.

RESTAURANT AND SEAFOOD BAR. In this unique, Art Deco styled room, the most exacting seafood-gourmet can relish every type of sea delicacy. Open since 1925, Prunier has recently updated its menu, remembering its original calling as a luxury brasserie. You will find amongst other dishes the "banc d'écailler", the "Incontournables Prunier" and a vast selection of various preparations of the famous Balik salmon, all at reasonable prices.

*Déjeuner : lundi au samedi*
*Dîner : lundi au samedi*

*Lunch : monday to saturday*
*Dinner : monday to saturday*

*Seafood*

# La Luna

*Chef*
Michel Choisnel

*Propriétaire*
Catherine Delaunay

69, rue du Rocher | 75008 Paris

*Métro Villiers*

Tél : 01 42 93 77 61 | Fax : 01 40 08 02 44

restaulaluna@yahoo.fr

**A la carte :** 70 €

Cette adresse proche du parc Monceau est bien connue des amateurs de poisson pour la fraîcheur et la qualité de ses produits et la précision de ses cuissons. Vous adorerez la cuisine et le service personnalisé de la maîtresse de maison. Le Vouvray pétillant en carafe, parmi d'autres beaux vins, mérite une mention à part.

La Luna is ideal for lunch or dinner after a stroll in the nearby Parc Monceau – or anytime for that matter! It is well known for the top-notch quality and the very precise cooking of its sea products. The thoughtfulness and warm service can only add to your satisfaction. The sparkling Vouvray, served by the carafe, deserves a mention in itself, among other great wines.

*Déjeuner : lundi au samedi*
*Dîner : lundi au samedi*

*Lunch : monday to saturday*
*Dinner : monday to saturday*

*Seafood*

# Chaumière (la)

*Chef-Propriétaire*
Olivier Amestoy

*Co-propriétaire*
Marie-Françoise
Amestoy

54, avenue Félix Faure | 75015 Paris

*Métro Boucicaut*

Tél : 01 45 54 13 91 | Fax : 01 45 54 41 96

www.restaurant-la-chaumiere.fr

**Menu carte :** 1 entrée + 1 plat + 1 dessert = 31 €

Olivier Amestoy a voué au poisson cette charmante «chaumière» au décor soigné avec poutres et épais rideaux. D'une enfance en Australie, Marie-Françoise Amestoy a conservé le plaisir d'accueillir dans sa langue une clientèle d'Outre-atlantique qui se plaît à déguster les produits de la mer, ou dès septembre, l'agneau de lait des Pyrénées, le fameux «axuria» très prisé des amateurs. L'énorme soufflé, au dessert, est incontournable.

Olivier Amestoy has dedicated this charming "chaumière", decorated in the style of a country house, with wooden beams and thick curtains as background for his seafood specialties. Brought up in Australia, Marie-Françoise Amestoy still likes to welcome English-speaking customers from the other side of the Atlantic, who delight in tasting seafood or, from September onwards, the well renowned Pyrenean suckling lamb ("Axuria" in Basque), much appreciated by meat lovers.

*Déjeuner : mardi au dimanche*
*Dîner : mardi au dimanche*

*Lunch : tuesday to sunday*
*Dinner : tuesday to sunday*

*Seafood*

# L'Espadon Bleu

*Responsable*
Julien Logereau

*Propriétaire*
Jacques Cagna

🏛 25, rue des Grands-Augustins │ 75006 Paris

🚇 *Métro Saint-Michel*

❇ Tél : 01 46 33 00 85 │ Fax : 01 43 54 54 48

❄ jacquescagna@hotmail.com │ www.jacques-cagna.com

**Menu :** déjeuner 32 € - **Formule :** déjeuner 25 €

**A la carte :** 42 €

🔵 A quelques mètres de l'ancien atelier de Picasso, au coin de la rue Saint-André-des-Arts, Jacques Cagna vous propose, dans un décor aux couleurs du sud, sa cuisine de la mer. Aux suggestions de la carte s'ajoutent celles des retours du marché. La clientèle d'habitués ne s'en lasse pas. Accueil chaleureux et service personnalisé.

✳ Only a few steps from the workshop Picasso used to paint in and on the corner of the rue Saint-André-des-Arts, Jacques Cagna offers his cuisine from the sea inside a Mediterranean-colored decor. The return of the market also offers suggestions rich in seasonal nuances. Along with the faithful customers, you will enjoy the warm and attentive service.

*Déjeuner : mardi au samedi*
*Dîner : mardi au samedi*

*Lunch : tuesday to saturday*
*Dinner : tuesday to saturday*

*Seafood - Brasserie*

# Dessirier

*Chef*
Michel Rostang

*Directeur*
Philippe Judeaux

🏛 9, place du Maréchal-Juin | 75017 Paris

🚇 *Métro Péreire*

☎ Tél : 01 42 27 82 14 | Fax : 01 47 66 82 07

✳ dessirier@michelrostang.com | www.michelrostang.com

**Menu :** 45 €

**A la carte :** 60 €

🔵 A la reprise en 1996, Michel Rostang a réveillé cette adresse à mi-chemin entre brasserie et restaurant. Aujourd'hui, elle retrouve une atmosphère très parisienne. La cuisine est vouée à l'océan avec de magnifiques fruits de mer, coquillages et crustacés. Le service est attentif et professionnel.

✳ When Michel Rostang took over this establishment in 1996, he decided to reinvent it as a cross between a brasserie and a restaurant. Today, it boasts an ultra-Parisian atmosphere and cuisine dedicated to the ocean, with magnificent seafood and shellfish. Thoughful and professional service.

*Déjeuner : ouvert tous les jours*
*Dîner : ouvert tous les soirs*

*Lunch : open everyday*
*Dinner : open every night*

*Seafood - Brasserie*

# Garnier

*Chef*
Ludovic Schwartz

*Propriétaires*
Georges Menut
Bertrand Menut

111, rue Saint-Lazare | 75008 Paris

*Métro Saint-Lazare*

Tél : 01 43 87 50 40 | Fax : 01 40 08 06 93

restaurantgarnier@fr.oleane.com

**A la carte :** 60 €

Cette institution parisienne depuis toujours spécialisée dans les produits de la mer s'est refait une vraie beauté. Dominique Honnet, le décorateur, a créé un ensemble harmonieux. Le service et la qualité de la carte marine sont à la hauteur. Le bar à coquillages et crustacés pour douze personnes, autour de l'écailler, promet un grand moment aux amateurs. La carte des vins est au diapason, riche en très bons vins blancs.

Opposite sculptor Arman's famous pendulums that stand in the forecourt of the Gare Saint-Lazare, this authentic institution of Paris life, which has always specialized in fish dishes, has just had a face-lift. The service and the quality of the fish menu are equally terrific. The shellfish bar is a promise of culinary pleasures in itself. The wine list is rich in very good white wines ideally suited to the cuisine.

*Déjeuner :* ouvert tous les jours
*Dîner :* ouvert tous les soirs

*Lunch :* open everyday
*Dinner :* open every night

CHAMPAGNE

GOSSET

Aÿ-1584

GOSSET
Aÿ
1584
CHAMPAGNE

us ancienne Maison de Vins de la Champagne : Aÿ 1584

# Steak Houses and Rotisseries

## Viande et rôtisseries

### de 35 à 55€
*(Prix sans vin, taxes incluses)*

Réservations
Reservations

Salon privé
Private room

Service voiturier
Valet parking

Air conditionné
Air conditioning

Cravate souhaitée
Jacket or tie required

Terrasse
Outdoor dining

Cave exceptionnelle
Exceptional wine cellar

Vue exceptionnelle
Exceptional view

Ambiance musicale
Musical ambience

Château GRAND-PUY-LACOSTE

## PAUILLAC
APPELLATION PAUILLAC CONTRÔLÉE

MIS EN BOUTEILLE AU CHÂTEAU

1995

Château Grand-Puy-Lacoste
Grand Cru Classé en 1855

Pauillac - Médoc

*Steak House*

# Au Bœuf Couronné

*Chef*
Éric Legendre

*Directeur*
Christophe Jacquet

188, boulevard Jean Jaurès | 75019 Paris

*Métro Porte de Pantin*

Tél : 01 42 39 44 44 | Fax : 01 42 39 17 30

au.boeuf.couronne@wanadoo.fr | www.rest-gj.com

**Menu :** 32 €

**A la carte :** 45 €

A l'est de Paris, dans le quartier des abattoirs, ce restaurant mérite le voyage. Unique en son genre, le Bœuf Couronné est véritablement le temple de la viande à Paris. Avec sa carte qui ne compte pas moins de 16 spécialités, les amateurs de bœuf seront bien sûr comblés.

In the east part of Paris where used to be the town's slaughterhouses, this restaurant is well worth a visit. A restaurant unique in its type, Au Boeuf Couronné is an authentic shrine for lovers of excellent meat in Paris. Its menu boasts no less than 16 house specialities. Beef experts will be more than satisfied. A must for carnivores!

*Déjeuner : ouvert tous les jours*
*Dîner : ouvert tous les soirs*

*Lunch : open everyday*
*Dinner : open every night*

*Steak House*

# Boucherie Roulière

*Chef*
Olivier Le Dû

*Propriétaires*
Jean-Luc Roulière,
Franck Pinturier

24, rue des Canettes │ 75006 Paris

*Métro Saint-Sulpice ou Mabillon*

Tél : 01 43 26 25 70

**A la carte :** 30 €

Chez les Roulière, on est boucher et éleveur depuis cinq générations : 1877 ! Forts de ce patrimoine, Jean-Luc, le tourangeau et Frank, l'auvergnat ont ouvert un établissement spécialisé dans les grillades de viandes et de poissons. Bar entier, thon, homard côtoient la légendaire côte de bœuf limousine, la brochette d'onglet, le filet, l'entrecôte de Salers et les ravioles de truffes. Le décor d'Isabelle Maltor avec sa cuisine ouverte sur la salle donne au lieu modernité et convivialité.

The Roulière family boasts five generations of butchers and breeders since 1877! Based on this heritage, Jean-Luc from the region of Tours and Frank from Auvergne have opened a restaurant specialising in grilled meat and fish. Whole sea bass, tuna and lobster rub shoulders with the legendary Limousin beef rib, skewered prime cut, fillet steak, Salers entrecote and truffle ravioli. Isabelle Maltor's decor with her kitchen that opens out onto the dining room make this venue modern and friendly.

*Déjeuner : mardi au dimanche*
*Dîner : mardi au dimanche*

*Lunch : tuesday to sunday*
*Dinner : tuesday to sunday*

*Steak House*

# Devez

*Chef-sommelier*
Pierre-Jean Renaud

*Directeur*
Christophe Ferrière

5, place de l'Alma | 75008 Paris

*Métro Alma-Marceau*

Tél : 01 53 67 97 53 | Fax : 01 47 23 09 48

devez@9business.fr | www.devezparis.com

**A la carte :** 40 €

La devise du Devez? De la fourche à la fourchette ! En effet, le propriétaire est également producteur de viande : qualité, traçabilité et sécurité forment donc son credo. Dans un cadre moderne, feutré et chaleureux, les spécialités de bœuf s'offrent sous les formes les plus variées. Service enjoué, ambiance calme et présentation soignée : l'idéal pour passer une soirée reposante de qualité. Belle carte des vins.

The slogan of Devez? "From the farm fork to the gourmet fork!" Indeed, the owner is also his own meat producer: quality, garanteed origin and regulation, his creed. In quiet, warm and modern surroundings, beef specialties are offered under most varied forms. Cheerful service, quiet atmosphere and good presentation : ideal for spending a restful evening. Great wine list.

*Déjeuner :* ouvert tous les jours
*Dîner :* ouvert tous les soirs

*Lunch :* open everyday
*Dinner :* open every night

*Steak House*

# La Maison de l'Aubrac

*Chef*
Laurent Durot

*Directeur*
Jean-Luc Mothe

 37, rue Marbeuf | 75008 Paris

 *Métro Franklin D. Roosevelt*

 Tél : 01 43 59 05 14 | Fax : 01 42 25 29 87

 maison.aubrac@wanadoo.fr | www.maison-aubrac.fr

 **A la carte : 38 €**

Amateurs de viande, réjouissez-vous : ce restaurant, situé à deux pas des Champs Elysées, vous accueille 24h/24 pour vous faire déguster le bœuf sous toutes ses formes. Nul ne peut mieux garantir la traçabilité de la viande puisque le propriétaire est également éleveur de bovins de race Aubrac au village de Laguiole dans l'Aveyron. Chaleureux cadre boisé et carte des vins étonnante.

Amateurs of meat, rejoice! 24h a day, this restaurant, located just a step from the Champs Elysées, welcomes you to sample beef in all its forms. Nobody can better guarantee origins of the meat since the owner is also the breeder of Aubrac cows from the village of Laguiole in Aveyron region. Ensconced in a wooden decor and with a wine list full of surprises ...

*Déjeuner : ouvert tous les jours*
*Dîner : ouvert tous les soirs*

*Lunch : open everyday*
*Dinner : open every night*

Rotisserie

# Le Père Claude

*Propriétaires*
Laëtitia, Claude et
Ludovic Perraudin

*Chefs*
Baptiste Leroux,
Philippe Daniel

51, avenue de la Motte-Picquet | 75015 Paris

Métro La Motte-Picquet Grenelle

Tél : 01 47 34 03 05 | Fax : 01 40 56 97 84

lepereclaude@wanadoo.fr

**Menus :** 25 € - 30 €

**A la carte :** 55 €

Le Père Claude innove ! Après sa rôtisserie, le voilà derrière sa plancha avec l'art et la manière de jouer de ses ustensiles et de cuisiner ses produits comme nous les aimons, c'est-à-dire simplement. Spectacle garanti : les viandes et les volailles à la rôtissoire et le Père Claude à la Plancha. Un ensemble convivial, un avant-goût de votre soirée. Car n'oublions pas ce qui a fait sa renommée, une cuisine simple avec des produits de qualité et une bonne dose de générosité.

Something new from Père Claude! After the rotisserie, here he is now behind his "plancha" grill, manipulating the utensils with vim and vigour and preparing the dishes as we like them – nice and simple. A feast for the eyes, with the meat and poultry on the rotisserie and Père Claude behind the grill. A promising ensemble, just a foretaste of your evening. Because that's what made his reputation: no-nonsense cuisine, quality produce and a big helping of generosity.

*Déjeuner : ouvert tous les jours*
*Dîner : ouvert tous les soirs*

*Lunch : open everyday*
*Dinner : open every night*

*Rotisserie*

# La Rôtisserie d'en Face

*Chef-propriétaire*
Jacques Cagna

*Responsables*
Olivier Tourlet,
Laurent Martel

2, rue Christine | 75006 Paris

Métro Saint-Michel

Tél : 01 43 26 40 98 | Fax : 01 43 54 22 71

rotisface@aol.com | www.jacques-cagna.com

**Menus :** déjeuner 25 - 28 € · dîner 42 €

**À la carte :** 47 €

C'est ici, entre les bords de Seine et le boulevard Saint-Germain que depuis 1992, se déguste dans une ambiance décontractée qui ressuscite la très ancienne tradition des rôtisseries, l'un des meilleurs poulets fermiers rôtis à la broche de Paris. Le vacherin glacé au caramel et aux noix est le dessert favori du propriétaire, Jacques Cagna, chef de renom dont le restaurant est situé ... juste en face.

Since 1992, this has been the place to tuck into the best farm-fresh spit-roasted chicken in Paris. The atmosphere is relaxed and informal, in line with the long-standing rotisserie tradition. The renowned owner and Chef Jacques Cagna's restaurant is right across the street and to top off your meal, don't forget to order his favorite dessert, the delicious caramel and nut ice-cream cake.

*Déjeuner : lundi au vendredi*
*Dîner : lundi au samedi*

*Lunch : monday to friday*
*Dinner : monday to saturday*

*Steak House - Bistrot*

# Savy

*Responsable*
Bernard Bénazeth

*Propriétaire*
Lionel Dégoulange

🏛 23, rue Bayard | 75008 Paris

💠 *Métro Franklin D. Roosevelt*

❄ Tél : 01 47 23 46 98

☂ **Menus :** déjeuner 23,50 € - dégustation 26,50 €

**A la carte :** 40 €

🔵 Une petite brasserie en forme de wagon-restaurant, créée en 1923, où l'on servirait des plats inchangés depuis quarante ans, ça existe encore ? Oui : le Savy, tout près des Champs Elysées, en face de RTL. Le midi, une foule de journalistes et d'hommes d'affaires du quartier s'y presse pour déguster les copieuses portions de plats traditionnels. Quant à l'accueil, plus chaleureux, ça n'existe pas.

❄ A small brewery in the style of a dining car, created in 1923, has been serving the exact same dishes for forty years, right near the Champs Elysées. At noon, a crowd of journalists and businessmen from the district hurry there to sample substantial portions of traditional dishes. As for the reception, warmer that that is very hard to find!

*Déjeuner : lundi au vendredi*
*Dîner : lundi au vendredi*

*Lunch : monday to friday*
*Dinner : monday to friday*

# French traditional cuisine

## Cuisine traditionnelle française

de 40 à 70€
*(Prix sans vin, taxes incluses)*

*Réservations*
Reservations

*Salon privé*
Private room

*Service voiturier*
Valet parking

*Air conditionné*
Air conditioning

*Cravate souhaitée*
Jacket or tie required

*Terrasse*
Outdoor dining

*Cave exceptionnelle*
Exceptional wine cellar

*Vue exceptionnelle*
Exceptional view

*Ambiance musicale*
Musical ambience

*French traditional cuisine*

# L'Angle du Faubourg

*Chef*
Stéphane Cosnier

*Directeur*
Fernando Rocha

| | |
|---|---|
| 🏛 | 195, rue du Faubourg-Saint-Honoré &#124; 75008 Paris |
| 🔲 | *Métro Charles de Gaulle Etoile* |
| ❄ | Tél : 01 40 74 20 20 &#124; Fax : 01 40 74 20 21 |
| 🔳 | angledufaubourg@cavestaillevent.com &#124; www.taillevent.com |

**Menus :** déjeuner et dîner 35 € - dégustation 70 €

**A la carte :** 60 €

🍷 À proximité de la Place de l'Etoile, cet «Angle» s'ouvre sur une table gourmande que l'élégant et sobre décor ne dérange pas. L'assiette est colorée, goûteuse, raffinée, classique, discrètement émaillée d'aromates. De la grande cuisine qu'accompagne une carte des vins particulièrement riche. Beaucoup sont servis au verre et l'on peut également se les procurer aux Caves Taillevent, juste à côté. Service attentif et souriant.

✳ Near the Place de l'Etoile, this contemporary restaurant, the Angle(or corner) boasts a cuisine in complete harmony with the elegant, simple decor. The food is colorful, flavorsome, refined, classic, discreetly sprinkled with spices. Great cuisine and an exceedingly fine wine list. Many of these interesting wines are served by the glass, and if you wish to prolong the experience, you can buy them at Caves Taillevent just next door.

*Déjeuner : lundi au vendredi*
*Dîner : lundi au vendredi*

*Lunch : monday to friday*
*Dinner : monday to friday*

*French traditional cuisine*

# Armand au Palais Royal

*Chef-propriétaire*
Bruno Roupie

*Co-propriétaire*
Jean-Pierre Ferron

4, rue de Beaujolais | 75001 Paris

*Métro Palais Royal - Musée du Louvre*

Tél : 01 42 60 05 11 | Fax : 01 42 96 16 24

**Menu :** déjeuner 30 €

**Menu Carte :** 1 entrée + 1 plat + fromage + 1 dessert = 42 €

Jean-Pierre Ferron et Bruno Roupie tiennent avec un talentueux professionnalisme ce restaurant fin XVIIème dans les anciennes écuries du Palais Royal, à la salle voûtée et aux murs de pierre. La carte renouvelle avec esprit et générosité le classicisme historique de ce calme quartier du Palais Royal. Sur une carte des vins bien conçue, la maison veille avec art à la qualité des demi-bouteilles également.

This establishment is housed in the Palais Royal's former 17th-century stables. Rustic stone walls and vaulted ceilings form the decor, and the menu takes a spirited and generous approach to the historical classicism of the serene Palais Royal surroundings in which it is served. Last but not least, the artfully constructed wine list offers some top-notch half bottles.

*Déjeuner : lundi au vendredi*
*Dîner : lundi au samedi*

*Lunch : monday to friday*
*Dinner : monday to saturday*

*French traditional cuisine*

# L'Astrée

*Chef-propriétaire*
Yasuo Maeda

*Maître d'hôtel*
Florent Bataille

 3, rue du Général Lanrezac | 75017 Paris

 *Métro Etoile*

 Tél : 01 45 72 27 00 | Fax : 01 45 72 03 21

**Menus :** déjeuner 29 € - déjeuner et dîner 39 € - dégustation 58 €

**A la carte :** 40 €

🔵 La lecture de la carte de ce confortable restaurant proche de la Place de l'Étoile éveille la curiosité gourmande. S'en dégage un subtil compromis entre deux traditions culinaires. Maeda Yasuo, chef d'origine japonaise, applique sa grande expérience de la cuisine traditionnelle française à des préparations harmonieuses, pleines d'invention et de haute saveur, fondées sur des produits bien sélectionnés qu'enrichit une carte des vins forte de 65 références.

✳️ Located on a small calm street next to the Place de L'Etoile, in this comfortable restaurant, your curiosity will be stimulated as soon as you set eyes on the menu that blends two traditionnal and radicvally different cuisines. Maeda Yasuo, Japanese Chef, puts forth his lenghy experience with trditionnal French cuisine to create harmonious preparations of top-notch quality. A wine list with 65 references and superb service highlight your evening.

*Déjeuner : lundi au vendredi*
*Dîner : lundi au vendredi*

*Lunch : monday to friday*
*Dinner : monday to friday*

*French traditional cuisine*

# Bistrot de l'Etoile Niel

*Chef-propriétaire*
**Bruno Gensdarmes**

*Directrice*
**Karin Rouet**

| | |
|---|---|
| 🏠 | 75, avenue Niel \| 75017 Paris |
| 🚇 | Métro Péreire |
| 📞 | Tél : 01 42 27 88 44 \| Fax : 01 42 27 32 12 |
| ❄️ | **Formules déjeuner :** 1 entrée + 1 plat ou 1 plat + 1 dessert = 26 € |
| 🍽️ | 1 entrée + 1 plat +dessert = 30 € |

**Menu carte :** 1 entrée + 1 plat + 1 dessert = 39 €(dîner)

🔵 Proche de l'Etoile, le quartier des Ternes accueille un restaurant dont le propriétaire, Bruno Gensdarmes, a longtemps vécu dans le sillage du grand Chef Guy Savoy. Depuis des années, il tient les rênes du Bistrot de l'Etoile Niel, rendez-vous d'hommes d'affaires gourmands de bonne cuisine et friands d'ambiances à la fois élégantes et animées.

🔴 Near the place de l'Etoile, the Ternes district accommodates a restaurant whose owner, Bruno Gensdarmes, has for a long time followed in the footsteps of the great Chef Guy Savoy. For many years now, he has been in charge of the Bistrot de l'Etoile Niel, a meeting place for businessmen who appreciate good food and are partial to a sophisticated but lively atmosphere.

*Déjeuner :* lundi au vendredi
*Dîner :* lundi au samedi

*Lunch :* monday to friday
*Dinner :* monday to saturday

*French traditional cuisine*

# Bistrot du Sommelier

*Chef*
Jean-André Lallican

*Meilleur Sommelier*
*du Monde 1992*
Philippe Faure-Brac

97, boulevard Haussmann | 75008 Paris

*Métro Saint-Augustin*

Tél : 01 42 65 24 85 | Fax : 01 53 75 23 23

bistrot-du-sommelier@noos.fr

**Menus :** déjeuner 39 ou 54 € (avec dégustation de 3 vins)

dîner 60 - 75 - 100 € (vins inclus) • **A la carte :** 60 € (vins inclus)

Sommité dans le monde des sommeliers, Philippe Faure-Brac est en charge de l'organisation et du mariage si ardu des mets et des vins. La difficulté avec ce genre d'ambition, réussie dans ce cas, est de monter ses plats au niveau des Seigneurs de la Bourgogne, ou des divines bouteilles de Pauillac et de Margaux. Optez donc pour l'un des menus "Harmonie des vins et des mets", une expérience qui vous séduira.

Philippe Faure-Brac, elected Best Wine Steward in the World in 1992, is passionate about pairing the right wine with each and every dish that leaves the kitchens. The difficulty in this type of venture is to elevate the dishes to a level worthy of very fine Burgundy wines or divine bottles of Pauillac and Margaux. Try one of the "Wine and Food in Harmony" set menus for a most memorable dining experience.

*Déjeuner : lundi au vendredi*
*Dîner : lundi au vendredi*

*Lunch : monday to friday*
*Dinner : monday to friday*

*French traditional cuisine*

# La Braisière

*Chef-propriétaire*
Jacques Faussat

*Co-propriétaire*
Élizabeth Faussat

54, rue Cardinet | 75017 Paris

Métro Malesherbes

Tél : 01 47 63 40 37 | Fax : 01 47 63 04 76

labraisiere@free.fr

**Formule déjeuner : 30 €**

**A la carte : 45 €**

Après dix années passées auprès d'Alain Dutournier au Trou Gascon, Jacques Faussat a pris son envol. Cet artiste a tout de suite réussi à rassembler une clientèle de fidèles. Son accent dévoile son origine gersoise que révèle aussi une carte joyeusement ancrée dans son terroir. La cuisine est précise, à la fois classique et inventive. Elle est accompagnée d'une carte des vins abondante et éclectique.

After ten years with Alain Dutounier at the Trou Gascon, Jacques Faussat left the nest. This artist succeeded immediately in gathering faithful customers. His singing accent reveals his origin from the Gers region with a menu anchored in its soil. The food is precise, at the same time classic and inventive. It is accompanied by an abundant and eclectic wine list.

*Déjeuner : lundi au vendredi*
*Dîner : lundi au samedi*

*Lunch : monday to friday*
*Dinner : monday to saturday*

63

*French traditional cuisine*

# Bruno Deligne - Les Olivades

*Chef-propriétaire*
**Bruno Deligne**

*Co-propriétaire*
**Chantal Deligne**

41, avenue Ségur | 75007 Paris

*Métro Ségur*

Tél : 01 47 83 70 09 | Fax : 01 42 73 04 75

**Menu :** découverte 60 €

**Formules :** entrée 10 € et/ou plat 20 € et/ou dessert 8 €

**A la carte :** 40 €

Depuis que le nouveau maître des lieux, Bruno Deligne, s'est installé dans ce charmant restaurant des quartiers chics de la rive gauche, qui se situe tout près de l'Unesco, il faut penser à réserver pour goûter au sympathique accueil, à l'impeccable service et, surtout, à la très bonne cuisine du Chef. Le plaisir est garanti.

Since Bruno Deligne, the new owner, has settled into this charming restaurant in the stylish district of the Left Bank, very near the Unesco building, reservations are highly recommended to enjoy his top-notch cuisine enhanced by warm welcome and impeccable service. You will enjoy your self thoroughly.

*Déjeuner : mardi au vendredi*
*Dîner : lundi au samedi*

*Lunch : tuesday to friday*
*Dinner : monday to saturday*

*French traditional cuisine*

# Café Drouant

*Chef-directeur*
**Louis Grondard**

*Maître d'hôtel*
**James Berthelot**

18, place Gaillon | 75002 Paris

*Métro Opéra*

Tél : 01 42 65 15 16 | Fax : 01 49 24 02 15

drouant.rv@elior.com | www.drouant.com

**Formules :** entrée+plat 30 € - plat+dessert 28 € - entrée+plat+dessert 38 €

**A la carte :** 51 €

Cette annexe chic de la cantine du jury du prix Goncourt - qui se réunit chez Drouant depuis 1914 - est une vraie bonne aubaine. Dans un joli décor années 30, avec plafond à la feuille d'or signé Jacques-Emile Ruhlmann, c'est le Chef de Drouant, Louis Grondard, qui veille au grain. Le registre culinaire est d'un classicisme bourgeois, jonglant habilement avec les produits du marché. La cave recèle de bien belles bouteilles.

This chic annex of the establishment where the jury of the literary Prix Goncourt has been gathering since 1914 is a godsend. Drouant's Chef, Louis Grondard, presides here in a pretty 1930s decor with a gilded ceiling by Jacques-Emile Ruhlmann. The cooking is classic "cuisine bourgeoise", making clever use with the daily surprises of the market. The cellar is stocked with many very fine bottles, and the service is smooth and perfect.

*Déjeuner : lundi au vendredi*
*Dîner : lundi au vendredi*

*Lunch : monday to friday*
*Dinner : monday to friday*

*French traditional cuisine*

# Chez Françoise

*Chef*
Philippe Léglise

*Directeur*
Jean-Christophe Trubert

Aérogare des invalides | 75007 Paris

*Métro Invalides*

Tél : 01 47 05 49 03 | Fax : 01 45 51 96 20

info@chezfrancoise.com | www.chezfrancoise.com

**Menus :** déjeuner 25,50 - 29 € · dîner 19,50 - 29 €

**A la carte :** 45 €

 C'est l'aubaine de ceux qui partent ou arrivent à l'aérogare des Invalides. Cette maison à la réputation déjà ancienne est également très prisée des membres de l'Assemblée Nationale et du ministère des Affaires étrangères pour sa cuisine de tradition. L'été, la terrasse est un véritable enchantement. Un charme certain et un service enlevé complètent le plaisir.

This is a real godsend to those about to leave or returning from the Invalides air station. This long established restaurant is also much frequented by members of the French Parliament and of the ministry of Foreign Affairs for its traditional cuisine, not to mention that under sunny weather the terrace will delight you. Genuine charm and lively service add to the pleasure.

*Déjeuner :* ouvert tous les jours
*Dîner :* ouvert tous les soirs

*Lunch :* open everyday
*Dinner :* open every night

*French traditional cuisine*

# Le Chiberta

*Chefs*
Gilles Chesneau
William Caussimon

*Directeur*
Jean-Paul Montellier

3, rue Arsène-Houssaye | 75008 Paris

*Métro Charles de Gaulle Etoile*

Tél : 01 53 53 42 00 | Fax : 01 45 62 85 08

chiberta@guysavoy.com | www.lechiberta.com

**Menus :** du jour 60 € - dégustation 100 €

**A la carte :** 66 €

Près des Champs Elysées, la rigueur dépouillée du décor d'ardoise créé par Jean-Michel Wilmotte sied à la dégustation d'une cuisine inspirée, rafraîchissante et colorée apprêtée par deux assistants de Guy Savoy, Gilles Chesneau et Williams Caussimon. On la déguste autour de tables spacieusement réparties, ou assis au très confortable bar comptoir. Aux commandes, Jean Paul Montellier veille avec maîtrise au confort de tous.

Next to the Champs Elysées and the Place de l'Etoile, an elegant, understated decor created by Jean-Michel Wilmotte hosts the refreshing creations of two of Guy Savoy's former assistants, Gilles Chesneau and William Caussimon. Dining at one of the spaciously separated tables or at the comfortable bar, where Jean Paul Montellier tends to every detail with care, is an extreme delight.

*Déjeuner : lundi au vendredi*
*Dîner : lundi au samedi*

*Lunch : monday to friday*
*Dinner : monday to saturday*

*French traditional cuisine*

# Le Ciel de Paris

*Chef*
Jean-François Oyon

*Directeur*
Pierre Crisolago

Tour Maine-Montparnasse | 33, avenue du Maine | 75015 Paris

*Métro Montparnasse Bienvenüe*

Tél : 01 40 64 77 64 | Fax : 01 43 21 48 37

www.cieldeparis.com

**Menus :** déjeuner 32 € (sauf le dimanche) - dîner 54 €

**Menus carte :** 75 €

 Il ne faut que 38 secondes pour monter au 56ème étage de la Tour Montparnasse, jusqu'au Ciel de Paris. A 200 mètres d'altitude, c'est le restaurant le plus haut d'Europe. Il y est amusant de repérer les grands monuments de la capitale. Jean-François Oyon vous fait découvrir au gré des saisons sa cuisine imaginative et pleine de saveurs. Un pianiste joue à partir de 21h00 et le bar reste ouvert jusqu'à 1h00 du matin.

Only 38 seconds to rise to the Ciel de Paris on the 56th floor of the Tour Montparnasse. The uppermost restaurant in Europe, towering 200 meters above the city offers a stupendous view. While spotting the capital's famous buildings lying below, Jean-François Oyon will introduce you to his imaginative, tasty and seasonal cuisine. Live piano beginning at 9pm and the bar is open until 1am.

*Déjeuner : ouvert tous les jours*
*Dîner : ouvert tous les soirs*

*Lunch : open everyday*
*Dinner : open every night*

*French traditional cuisine*

# Côté Coulisses

*Chef*
Xavier Grégoire

*Propriétaires*
François Catteau
Sheherazade

1, rue de Monsigny | 75002 Paris

*Métro Quatre-Septembre*

Tél : 01 42 96 16 61 | Fax : 01 42 97 40 97

www.cote-coulisses.fr

**Formule déjeuner :** *27 €*

**Menu carte :** *32 €*

🔴 Rien de tel, après l'opéra, qu'un dîner dans un décor de velours rouge et d'or : c'est ce que propose Côté Coulisses, un restaurant-bar aux allures de lounge et de loge à la fois. Les murs damassés absorbent les bruits et invitent aux conversations intimes, tandis que le chef, ancien étoilé de l'Auberge d'Auteuil, mitonne une cuisine simple et pourtant raffinée : un délice dans un écrin.

✴️ There's nothing like dinner after the Opera in a red and golden velvet decor. This is what the restaurant-bar Côté Coulisses («backstage») offers with its lounge that also feels remarkably like a theatre box. The damasked walls absorb sound and incite intimate conversation, while the Chef, who was awarded stars at the Auberge d'Auteuil, crafts a no-nonsense, yet refined cuisine : sheer delight in a sophisticated setting.

*Déjeuner : lundi au vendredi*
*Dîner : mardi au samedi*

*Lunch : monday to friday*
*Dinner : tuesday to saturday*

*French traditional cuisine*

# La Ferme du Golf

*Chef*
**Seme Tapha**
*Directrice*
**Fredérique Padovani**

*Propiétaire*
**Harold Sacreste**

Jardin d'Acclimatation | avenue Mahatma Gandhi | 75116

Paris

*Métro Les Sablons*

Tél : 01 40 67 15 17 | Fax : 01 40 67 70 22

contact@fermedugolf.com | www.fermedugolf.com

**A la carte :** 35 €

Bâtie auprès du mini-golf, à 5 mn de la Porte Maillot et du Centre des Congrès, cette «ferme» au toit de chaume est l'un des fleurons du Jardin d'Acclimatation. D'authentiques poutres, une cheminée monumentale XVIIe, et un long bar en zinc se partagent les belles salles de réception. Non loin des manèges et d'un petit cirque réservé aux enfants, les convives prennent place pour un repas savoureux, basé sur d'excellents produits.

Built by the minigolf course, just 5 minutes from the Porte Maillot and the Congress Centre, this thatched farm is one of the treasures of the Jardin d'Acclimatation. Real roof beams, a monumental 17th century fireplace and a long zinc-topped bar with fine reception rooms. Not far from the merry-go-rounds and a small children's circus, guests are seated at nicely set tables and enjoy tasty meals using excellent produce and served with attention and a smile.

*Déjeuner :* ouvert tous les jours
*Dîner :* receptions seulement

*Lunch :* open everyday
*Dinner :* special events only

*French traditional cuisine*

# La Ferme Saint-Simon

*Chef-propriétaire*
Francis Vandehende

*Maître d'hôtel*
Gérard Vacher

6, rue de Saint-Simon | 75007 Paris

*Métro Rue du Bac*

Tél : 01 45 48 35 74 | Fax : 01 40 49 07 31

fermestsimon@wanadoo.fr | www.fermestsimon.com

**Menus :** déjeuner 30,50 € - dîner 33 €

**A la carte :** 50 €

En bordure du Boulevard Saint-Germain, le Chef Francis Vandenhende et son épouse, la célèbre animatrice de télévision Denise Fabre, vous accueille dans leur «auberge à Paris». Vous dégusterez une cuisine imaginative et bien présentée. Bonne cave, accueil convivial, service parfait et prix sages.

Francis Vandenhende, a former disciple of Gaston Lenôtre's, welcomes you warmly to this rustic and traditional decor. The loyal regular clients who flock here on a day-to-day basis savor a well-prepared and original cuisine. Fine selection of wines, courteous service and reasonable prices.

*Déjeuner : lundi au vendredi*
*Dîner : lundi au samedi*

*Lunch : monday to friday*
*Dinner : monday to saturday*

71

*French traditional cuisine*

# La Fermette Marbeuf

*Chef*
Gilbert Isaac

*Directeur*
Pascal Chereau

5, rue Marbeuf | 75008 Paris

*Métro Alma-Marceau*

Tél : 01 53 23 08 00 | Fax : 01 53 23 08 09

de.fermette-marbeuf@blanc.net | www.fermettemarbeuf.com

**Formule :** "Dîner+Spectacle" à partir de 52 € (tél. : 01 44 71 86 82)

**A la carte :** 52 €

En 1978, un heureux coup de pioche a permis de mettre à jour ici un incroyable décor Art Nouveau : verrière, colonnes de fonte, panneaux de céramiques de motifs animaliers, féminins et végétaux. Depuis 1983, le restaurant est classé Monument Historique. Le Tout-Paris des affaires, des média, de la mode et du show-biz y tient ses agapes. Le Chef Gilbert Isaac prépare une cuisine d'une inlassable régularité.

In 1978, while remodeling, an incredible Art Nouveau decor was discovered. Time had preserved a canopy, cast iron columns and ceramic panels with animal, vegetable and female motifs. Since 1983, the restaurant has been classified as an historic building. All of Paris' business, media, fashion and show biz elite come here. The head Chef, Gilbert Isaac prepares cuisine of tireless regularity, changing with the market.

*Déjeuner : ouvert tous les jours*
*Dîner : ouvert tous les soirs*

*Lunch : open everyday*
*Dinner : open every night*

Moulin Rouge

BAL DU

Féerie

Kris Gautier

valid from 01.04.2005 to 31.03.2006

BAL DU
**Moulin Rouge**®
PARIS

nner & Show at 7 pm from 140 € • Show at 9 pm : 97 €, at 11 pm : 87 €
ontmartre - 82, bd de Clichy - 75018 Paris - **Reservations : 01 53 09 82 82**
www.moulin-rouge.com

*French traditional cuisine*

# La Fontaine Gaillon

*Chef*
Laurent Audiot

*Propriétaire*
Gérard Depardieu

 Place Gaillon | 75002 Paris

❄ *Métro Opéra*

Tél : 01 47 42 63 22 | Fax : 01 47 42 82 84

fontaine.gaillon@wanadoo.fr

**Menu :** 36 €

**A la carte :** 50 €

Gérard Depardieu vient d'ouvrir un restaurant avec son ami Laurent Audiot. Fines bouches, les compères ont opté pour des produits de qualité, bien travaillés et pourtant d'un prix abordable. La vinothèque qui trône au milieu de la salle à manger affiche cent cinquante références, choisies sur les conseils du célèbre critique Robert Parker.

Gérard Depardieu has just opened a restaurant with his friend Laurent Audiot. As the gourmets they both are, the accomplices opted for quality products at affordable prices. The vinotheque that thrones in the middle of the dining room lists 150 references, selected on the advice of famous critique Robert Parker.

*Déjeuner : lundi au vendredi*
*Dîner : lundi au vendredi*

*Lunch : monday to friday*
*Dinner : monday to friday*

*French traditional cuisine*

# Fouquet's

*Chef*
Jean-Yves Leuranguer

*Directeur*
Eric Vigoureux

🏛 99, avenue des Champs-Elysées | 75008 Paris

🚇 *Métro George V*

📞 Tél : 01 47 23 50 00 | Fax : 01 47 23 60 02

🌐 www.lucienbarriere.com

🍽 **Menu :** dégustation 78 €

🎵 **A la carte :** 90 €

Plus de cent ans d'existence pour cette institution champs-élyséenne relookée par le décorateur Jacques Garcia pour le groupe Barrière, son propriétaire. Le tout-cinéma, les média et quelques autres têtes connues viennent en procession pour goûter les incontournables de la maison, mais aussi une cuisine classique de belle facture.

This Champs Elysées institution that has been going for more than a hundred years has just been redesigned by the interior decorator Jacques Garcia for its owners, the Barrière group. The cinema and media worlds and other well known figures flock here to enjoy the key house specialities and also the well-prepared classical cuisine.

*Déjeuner :* ouvert tous les jours
*Dîner :* ouvert tous les soirs

*Lunch :* open everyday
*Dinner :* open every night

*French traditional cuisine*

# Le Moulin de la Galette

*Chef*
David Sebin

*Directeur associé*
Bernard Quartier

83, rue Lepic | 75018 Paris

*Métro Abbesses*

Tél : 01 46 06 84 77 | Fax : 01 46 06 84 78

**Menu :** déjeuner 20 €

**Brunch :** 25 € (dimanche et jours fériés )

**A la carte :** 35 - 40 €

L'authentique « Radet » domine ce phare de la vie montmartroise, où autrefois, on dégustait entre deux danses, une galette de pain de seigle et un verre de lait. Dans la verdure, près de la Place du Tertre et du Sacré-Cœur, Le Moulin de la Galette déploie ses ailes protectrices sur l'agréable patio fleuri. Le menu suit les saisons pour des préparations généreuses, la carte des vins est éclectique.

Overlooked by the real-life Radet windmill, this restaurant is a landmark of Montmartre living, where people used to pause between two dances for a slab ("galette") of rye bread and a glass of milk. Located in luxuriant vegetation near the Place du Tertre and Sacré-Coeur, the restaurant surrounds a pleasant patio, bedecked with flowers. Generous dishes follow the seasonal produce of the market.

*Déjeuner : ouvert tous les jours*
*Dîner : lundi au samedi*

*Lunch : open everyday*
*Dinner : monday to saturday*

*French traditional cuisine*

# Le Nabuchodonosor

*Chef*
Thierry Garnier

*Propriétaire*
Eric Rousseau

6, avenue Bosquet | 75007 Paris

*Métro Alma-Marceau*

Tél : 01 45 56 97 26 | Fax : 01 45 56 98 44

www.nabuchodonosor.net

**Menus :** déjeuner 20 € - dîner 30 €

**A la carte :** 35 €

Tout est doux, rond et confortable dans ce restaurant cossu à la patine Terre de Sienne. L'ambiance discrète de cet élégant quartier proche de la Place de l'Alma, l'amabilité de l'accueil et les prix doux attirent les gourmets en quête de justesse de goût. Eric Rousseau reçoit salle pleine autour d'une carte bien équilibrée. La formule du déjeuner est une véritable aubaine, tout comme le vin du mois, les pichets ou les vins au verre.

All is soft, rounded and comfortable in this plush restaurant decorated in the shades of Sienna. The quiet atmosphere of an elegant district near the Place de l'Alma, the friendly welcome and moderate prices attract gourmets in quest of sheer good taste. Eric Rousseau fills his dining room with a well-balanced menu. The lunch option is a real bargain, as are the 'wine of the month' and Bordeaux or Loire wines by the carafe or the glass.

*Déjeuner :* lundi au vendredi
*Dîner :* lundi au samedi

*Lunch :* monday to friday
*Dinner :* monday to saturday

*French traditional cuisine*

# L'Obélisque

*Chef*
Jean-François Piège

*Maître d'hôtel*
Franck Roublique

| | |
|---|---|
| 🏨 | Hôtel de Crillon │ 6, rue Boissy d'Anglas │ 75008 Paris |
| 🚇 | *Métro Concorde* |
| 📞 | Tél : 01 44 71 15 15 │ Fax : 01 44 71 15 02 |
| ✉ | restaurants@crillon.com │ www.crillon.com |
| 🎵 | **Menu carte :** 50 € |

🔵 L'Obélisque est le deuxième restaurant de l'Hôtel de Crillon, Place de la Concorde. C'est un lieu de charme, feutré et intime, tout en boiseries avec verres gravés et miroirs à l'ancienne. Une très bonne adresse pour ceux qui apprécient l'ambiance chaleureuse et la cuisine traditionnelle. Les desserts de Jérôme Chaucesse explosent de raffinement. La carte des vins se partage entre les grands millésimes et des étiquettes plus abordables.

❄ L'Obélisque on the Place de la Concorde is the Hôtel de Crillon's second restaurant and is decorated with wood paneling, engraved windows, traditional mirrors. Situated next to the Hotel bar where you can have a simple lunch, this peaceful dining room is charming, luxurious, and intimate. Jérôme Chaucesse's desserts are fabulous. The wine list consists of both the finest vintage Chateaux and more affordable labels.

*Déjeuner : ouvert tous les jours*
*Dîner : ouvert tous les soirs*

*Lunch : open everyday*
*Dinner : open every night*

*French traditional cuisine*

# La Petite Cour

*Chef*
Emmanuel Gomez

*Propriétaire*
Jean-François Larpin

8, rue Mabillon | 75006 Paris

*Métro Mabillon*

Tél : 01 43 26 52 26 | Fax : 01 44 07 11 53

la.petite.cour@wanadoo.fr | www.la-petitecour.com

**Menus :** déjeuner 24 € · dîner 35 € · dégustation 58 €

**A la carte :** 46 €

Emmanuel Gomez, disciple de Gilles Épié, vient de reprendre les fourneaux de cette belle adresse en plein coeur de Saint-Germain-des-Prés. Tout en affirmant son style, il a néanmoins conservé les meilleures créations de son prédécesseur. Autre nouveauté, la création d'un jardin d'hiver où l'on pourra profiter du charme de la terrasse tout au long de l'année. Excellent rapport qualité-prix avec d'intelligents menus à 24€ le midi et 36€ le soir.

Emmanuel Gomez has just taken command of the kitchens of this establishment, splendidly located in the heart of Saint-Germain-des-Prés, keeping up the high standard of excellency set by his predecessor, Gilles Épié. Another novelty at La Petite Cour is dining throughout the year on the terrace of the newly created winter garden. A well-selected menu is offered at lunch for 24€ and at dinner for 36€, an excellent value for your money.

*Déjeuner :* dimanche au vendredi
*Dîner :* ouvert tous les soirs

*Lunch :* sunday to friday
*Dinner :* open every night

*French traditional cuisine*

# Le Poquelin

*Chef*
Benoît Guillaumin

*Propriétaires*
Maggy Guillaumin
Michel Guillaumin

17, rue Molière | 75001 Paris

*Métro Palais Royal - Musée du Louvre ou Pyramides*

Tél : 01 42 96 22 19 | Fax : 01 42 96 05 72

lepoquelin@wanadoo.fr

**Menu :** 35 € • **Formule déjeuner :** entrée+plat ou plat+dessert = 27 €

**A la carte :** 52 €

Maggy et Michel Guillaumin, les propriétaires, sont la gentillesse même et savent vous accueillir dans ce décor en hommage à Molière. Leur nouveau Chef n'est autre que leur fils Benoît Guillaumin, diplômé de l'Ecole Supérieure de Cuisine Française de Paris. Ce jeune cuisinier, qui a été initié dans de grands restaurants parisiens tels l'Epi Dupin, Lasserre ou le Grand Véfour, a su élaborer une carte nouvelle et raffinée.

Maggy and Michel Guillaumin, the owners, epitomize kindness and warmly welcome you into this decor that pays homage to Molière. Their new Chef is none other than their son, Benoît Guillaumin, a graduate of the Superior School of French Cuisine of Paris and a former trainee at big name restaurants such as L'Epi Dupin, Lasserre or the Grand Véfour. He succeeds in elaborating a sophisticated menu that will delight your taste buds.

*Déjeuner : mardi au vendredi*
*Dîner : lundi au samedi*

*Lunch : tuesday to friday*
*Dinner : monday to saturday*

# Le Quinze - Thierry Burlot

*Chef-propriétaire*
Thierry Burlot

*Responsable de salle*
Aurélie Frazier

8, rue Nicolas Charlet │ 75015 Paris

*Métro Pasteur*

Tél : 01 42 19 08 59 │ Fax : 01 45 67 09 13

**Menus :** dégustation 50 € - formule découverte 26 €

**Menu carte :** 1 entrée + 1 plat + 1 dessert = 32 €

Entre les Invalides et la Gare Montparnasse, cette adresse est plus qu'appréciée des gourmets. La sobre élégance de la salle à manger, ouverte sur une petite rue tranquille, laisse place au charme de la fine cuisine de Thierry Burlot, qui oscille avec sûreté entre tradition et invention. Les saisons s'expriment dans une splendeur savoureuse et l'on s'amuse à apprécier le savoir-faire du Chef dans tous les plats.

Between the Invalides and the Gare Montparnasse, this adress is highly estimated by gourmets. The elegance of the dining room, which opens onto a quiet little street, is just the setting for Thierry Burlot's fine cuisine that oscillates between tradition and inventiveness. The combination is splendid and always in harmony with the seasons. Our appreciation of the Chef's savoir-faire reaches yet new heights as we approach his remarkable dessert.

*Déjeuner : lundi au vendredi*
*Dîner : lundi au samedi*

*Lunch : monday to friday*
*Dinner : monday to saturday*

*French traditional cuisine*

# Le Relais-Plaza

*Chef*
Philippe Marc

*Directeur*
Werner Kuchler

Hôtel Plaza Athénée | 21, avenue Montaigne | 75008 Paris

*Métro Alma-Marceau*

Tél : 01 53 67 64 00 | Fax : 01 53 67 66 66

www.plaza-athenee-paris.com

**Menu :** 43 €

**A la carte :** 70 €

Le Relais Plaza demeure une adresse emblématique de l'élégance, dans sa salle à manger des années 30 inspirée du paquebot Normandie. Dans une ambiance aimable et feutrée, le Tout-Paris des média, de la couture et des affaires, accueilli par le charismatique directeur Werner Küchler, vient goûter au confort gourmand que procure la cuisine de Philippe Marc, un Chef de «l'école» Ducasse.

The Relais Plaza remains the symbol of elegance with its 1930's dining room inspired by the famous Normandie liner. In this cozy and friendly atmosphere, greated by the charismatic director Werner Küchler, the Paris media, fashion and business world gather to enjoy the simple pleasures of the cuisine of Philippe Marc (one of Ducasse's disciple).

*Déjeuner :* ouvert tous les jours
*Dîner :* ouvert tous les soirs

*Lunch :* open everyday
*Dinner :* open every night

*French traditional cuisine*

# Le Restaurant du Palais Royal

*Chef-Proprietaire*
Bruno Hees

*Directrice*
Isabelle Cherot

110, galerie de Valois | 75001 Paris

*Métro Palais Royal - Musée du Louvre*

Tél : 01 40 20 00 27 | Fax : 01 40 20 00 82

palaisrest@aol.com

**A la carte :** 43 €

Jouissant d'une bucolique terrasse dans les Jardins du Palais Royal, ce restaurant offre le charme de sa discrétion hors du temps. Ici, le Chef et propriétaire Bruno Hees, d'une simplicité et d'une gentillesse rares, propose une cuisine pleine d'entrain à son image. Belle cave de vins du Bordelais et de la Bourgogne.

With its bucolic terrace set beneath the arcades of the Palais Royal gardens, this timeless restaurant is as charming as it is low-key. Chef-owner Bruno Hees is a man of rare kindness and simplicity who serves up a cuisine with a gusto befitting his image. Nice cellar stocked with offerings of Bordeaux and Burgundy wines.

*Déjeuner : lundi au samedi*
*Dîner : lundi au samedi*

*Lunch : monday to saturday*
*Dinner : monday to saturday*

*French traditional cuisine*

# Restaurant Paris

*Chef*
Philippe Renard

*Responsable*
Benoît Legros

Hôtel Lutetia | 45, boulevard Raspail | 75006 Paris

*Métro Sèvres-Babylone*

Tél : 01 49 54 46 90 | Fax : 01 49 54 46 00

lutetia-paris@lutetia-paris.com | www.lutetia-paris.com

**Menu :** déjeuner 49 €

**A la carte :** 90 €

Le restaurant Paris de l'Hôtel Lutetia a déjà séduit le Tout-Paris des lettres ainsi que les personnalités du monde politique et journalistique. Dans cette ambiance feutrée, qui reproduit une des salles à manger du paquebot Normandie, le Chef Philippe Renard nous propose sa cuisine remarquable. La carte change au gré de ses humeurs au moins six fois par an. Très belle cave à vins et à cigares.

Hotel Lutetia's Paris restaurant is already a favorite with the Paris literary smart set as well as political and journalistic VIPs. The Chef, Philippe Renard, offers his superb cuisine in a very cozy atmosphere in this reconstruction of one of the Normandie liner's dining rooms. At least six times a year, new expressive culinary creations are listed on the ever-changing menu. Fantastic wine and cigar cellar.

*Déjeuner : lundi au vendredi*
*Dîner : lundi au vendredi*

*Lunch : monday to friday*
*Dinner : monday to friday*

*French traditional cuisine*

# Le Restaurant W

*Chef*
Franck Charpentier

*Directeur général*
Volker Zach

| | |
|---|---|
| 🏨 | Hôtel Warwick \| 5, rue de Berri \| 75008 Paris |
| 🚇 | *Métro George V* |
| 📞 | Tél : 01 45 61 82 08 \| Fax : 01 43 59 00 98 |
| ✳ | lerestaurantw@warwickhotels.com \| www.warwickhotels.com |
| 🍴 | **Formules 1/2 assiettes :** 29 € - 34 € - 39 € |

**Menu découverte :** 64 € • **Menus carte :** 34 € - 39 € - 44 €

🌐 «W» comme Warwick, nom de l'hôtel de luxe abritant ce restaurant élégant et convivial. Révélation de l'année, ce restaurant, récemment entièrement rénové, doit au réel talent de son chef, Franck Charpentier, de vous transporter de bonheur et d'enthousiasme. Cave originale et recherchée.

✴ "W" stands for Warwick, the name of the Palace Hotel that is home to this elegant, friendly restaurant that has only recently been renovated. The Chef, Franck Charpentier, excels in conquering your palate, transporting your senses with enthusiasm and joy. Widely original cellar.

*Déjeuner : lundi au vendredi*
*Dîner : lundi au vendredi*

*Lunch : monday to friday*
*Dinner : monday to friday*

*French traditional cuisine*

# Stella Maris

*Chef-propriétaire*
Tateru Yoshino

*Co-propriétaire*
Michiko Yoshino

4, rue Arsène-Houssaye | 75008 Paris

*Métro Charles de Gaulle-Etoile*

Tél : 01 42 89 16 22 | Fax : 01 42 89 16 01

stella.maris.paris@wanadoo.fr

**Menus :** déjeuner 45 € - du Chef 110 € - dégustation 75 €

**A la carte :** 70 €

Tateru Yoshino, élève doué des plus grands Chefs français, a ouvert un premier Stella Maris au Japon. Désormais installé au pied de l'Arc de Triomphe dans un décor contemporain et harmonieux, il propose à partir de produits de cultures et d'élevages biologiques, une cuisine française nuancée de sa sensibilité japonaise. Les beaux gibiers en saison méritent une salve d'applaudissements.

Tateru Yoshino, a gifted pupil of the greatest French chefs opened his first "Stella Maris" in Japan. Today he uses organic produce to offer French cuisine with a subtle Japanese interpretation at his establishment at the foot of the Arc de Triomphe in a modern, nicely balanced decor. His magnificent seasonal game dishes deserve gales of applause.

*Déjeuner : mardi au vendredi*
*Dîner : lundi au samedi*

*Lunch : tuesday to friday*
*Dinner : monday to saturday*

*French traditional cuisine*

# Tante Louise

*Chef*
Stéphane Schermuly

*Directeur*
David Trudelle

🏛 41, rue Boissy d'Anglas │ 75008 Paris

❄ *Métro Madeleine*

🍴 Tél : 01 42 65 06 85 │ Fax : 01 42 65 28 19

tantelouise@bernard-loiseau.com │ www.bernard-loiseau.com

**Menus :** déjeuner 34 € - dîner 40 €

**A la carte :** 55 €

Idéalement situé, à deux pas de la Madeleine, ce restaurant de belle cuisine bourgeoise au charme certain fut racheté en 1998 par le très grand cuisinier de Saulieu, Bernard Loiseau, qui désirait être présent à Paris. L'équipe de fidèles et talentueux lieutenants qu'il avait mis en place, tant en cuisine qu'en salle, perpétue son inventivité au service d'une tradition qui n'a rien de figé.

Ideally situated, next to the Madeleine, this charming restaurant known for its good and simple homecooking was bought in 1998 by the grand chef of Saulieu, Bernard Loiseau, who wanted to be present also in Paris. The loyal and talented team he had chosen, both in the kitchens and in the dining room, perpetuates his creativity and respect for tradition.

*Déjeuner : lundi au vendredi*
*Dîner : lundi au vendredi*

*Lunch : monday to friday*
*Dinner : monday to friday*

87

*French traditional cuisine*

# Tante Marguerite

*Chef*
Didier Sadaoui

*Directeur*
Jean-Philippe Guériaux

5, rue Bourgogne | 75007 Paris

*Métro Assemblée Nationale*

Tél : 01 45 51 79 42 | Fax : 01 47 53 79 56

tantemarguerite@bernard-loiseau.com | www.bernard-loiseau.com

**Menus :** déjeuner 34 € - dîner 40 €

**A la carte :** 55 €

Tout au plaisir de choisir mets et vins sur la carte plus que tentante que l'immense Bernard Loiseau nous proposa en s'installant ici et dont la fidèle équipe sait à merveille maintenir l'esprit évolutif, de droite ou de gauche, les députés qui siègent à l'Assemblée Nationale se retrouvent à l'unanimité sur un point : à proximité immédiate de l'hémicycle, nul ne fait mieux à l'heure du repas que cette chère Tante !

It is a pleasure to choose your dish or wine from the more than tempting menu offered by Bernard Loiseau's loyal team. Tante Marguerite is a rare place where members of the French Parliament often find themselves agreeing unanimously at least on one point: at lunch or dinner time, there is no better place than Tante Marguerite !

*Déjeuner : lundi au vendredi*
*Dîner : lundi au vendredi*

*Lunch : monday to friday*
*Dinner : monday to friday*

*French traditional cuisine*

# La Truffière

*Directeur*
Eric Pelchat

*Propriétaire*
Christian Sainsard

 4, rue Blainville | 75005 Paris

*Métro Place Monge*

Tél : 01 46 33 29 82 | Fax : 01 46 33 64 74

restaurant.latruffiere@wanadoo.fr | www.latruffiere.com

**Menu :** dégustation 72 €

**A la carte :** 65 €

La cave voûtée, la salle à manger et le salon avec sa cheminée sont propices à un dîner d'amoureux autant qu'à un déjeuner d'affaires. La cuisine ici proposée permet de choisir les plats du grand Sud-Ouest, la carte des poissons du marché sans oublier les gibiers en saison et bien d'autres spécialités. Impressionnante carte des vins, vieux digestifs, et un grand choix de cigares à déguster près du feu de bois.

The vaulted cellar, the dining room and sitting room with its own fireplace are the ideal setting for a romantic dinner as well as for a business lunch or a meal with friends. The menu includes the traditional dishes of South West of France and many other specialties that will delight you. An impressive wine list and many fine old brandies. A very attractive seventeenth century house in the heart of Paris.

*Déjeuner : mardi au samedi*
*Dîner : mardi au samedi*

*Lunch : tuesday to saturday*
*Dinner : tuesday to saturday*

*French traditional cuisine*

# Yvan

*Chef-propriétaire*
Yvan Zaplatilek

*Chef*
Jean Lampréia

 1 bis, rue Jean-Mermoz | 75008 Paris

 *Métro Franklin D. Roosevelt*

 Tél : 01 43 59 18 40 | Fax : 01 42 89 30 95

 rest.coma@free.fr

**Menus :** déjeuner 29 € - dîner 37 €

**A la carte :** 48 €

Rendez-vous obligé du show-biz et des parisiens dans le vent, le restaurant d'Yvan, petit prince des fourneaux, a bien du charme. Tables joliment mises, joyeuse bonne humeur à chaque service, une cuisine toujours au plus près du produit et inspirée par sa patrie d'origine, la Belgique, entre simplicité et sophistication.

An obligatory hang-out for showbiz celebrities and stylish Parisians, Yvan's restaurant, a small culinary wonder, has plenty of charm, boasting delightful place settings, ever-cheerful service, and cuisine that does full justice to its ingredients and that takes its inspiration from Belgium, his native country. A balance between simplicity and sophistication.

*Déjeuner : lundi au vendredi*
*Dîner : lundi au samedi*

*Lunch : monday to friday*
*Dinner : monday to saturday*

DEPUIS 1760, LE RESPECT
D'UN STYLE UNIQUE

www.lanson.fr

# Inventive cuisine

## Cuisine inventive

de 30 à 70€ et plus
*(Prix sans vin, taxes incluses)*

*Réservations*
*Reservations*

*Salon privé*
*Private room*

*Service voiturier*
*Valet parking*

*Air conditionné*
*Air conditioning*

*Cravate souhaitée*
*Jacket or tie required*

*Terrasse*
*Outdoor dining*

*Cave exceptionnelle*
*Exceptional wine cellar*

*Vue exceptionnelle*
*Exceptional view*

*Ambiance musicale*
*Musical ambience*

*Inventive cuisine*

# 16 Haussmann

*Chef*
Michel Hache

*Directeur*
Yves Pinot

Hôtel Ambassador | 16, boulevard Haussmann | 75009 Paris

*Métro Richelieu-Drouot ou Chaussée d'Antin*

Tél : 01 48 00 06 38 | Fax : 01 44 83 40 57

16haussmann@concorde-hotels.com | www.hotelambassador-paris.com

**Menus :** déjeuner 32 - 38 € - dîner 26 - 30 €

**A la carte :** 45,50 €

Innovateur, ce restaurant proche de l'Opéra, a souhaité donner le jour à un nouveau style de restauration. Très beau décor, ambiance chaleureuse, service accueillant et enlevé, rapport qualité-prix imbattable : c'est un succès. Un menu-carte inventif complète cette heureuse impression.

You'll discover an innovative concept for a restaurant in this new place near the Opéra. Parisians very soon started gathering in this very beautiful decor and warm atmosphere. Friendly and lively service make 16 Haussman an excellent value for your money and a great success. Marvelous set menu and à la carte menu confirm the good impression.

*Déjeuner : lundi au vendredi*
*Dîner : lundi au samedi*

*Lunch : monday to friday*
*Dinner : monday to saturday*

*Inventive cuisine*

# 1728

*Chef*
Gao Lin

*Propriétaire*
Yang Lining

8, rue d'Anjou | 75008 Paris

Métro Concorde

Tél : 01 40 17 04 77 | Fax : 01 42 65 53 87

restaurant1728@wanadoo.fr

**A la carte :** 66 €

Dans le quartier des ambassades et de la mode, Yang Lining, musicienne de talent, a redonné une âme aux salons de l'Hôtel particulier où vécut le Général de La Fayette. Elle a fait appel aux meilleurs talents pour la restauration des boiseries. Les sculptures ou les œuvres anciennes sont proposées à la vente. A la carte, de l'Europe au Japon, les créations de Gao Lin ainsi que les pâtisseries du célèbre Pierre Hermé.

Nearby the fashion district, Jean-François Chuet and his wife Yang Lining have infused new life to the town house where Général de la Fayette used to live. They have called on the most skilled craftsmen to restore the wooden paneling. The sculptures and antiques are offered for sale. The Euro-Japanese menu features classic dishes and Gao Lin's creations as well as Pierre Hermé's famous pastries.

*Déjeuner : lundi au vendredi*
*Dîner : lundi au samedi*

*Lunch : monday to friday*
*Dinner : monday to saturday*

*Inventive cuisine*

# Ailleurs

*Chef*
Christophe Sense

*Propriétaire*
Julien Attia

🏛 26, rue Jean Mermoz | 75008 Paris

🚇 Métro Saint-Philippe-du-Roule

❄ Tél : 01 53 53 98 00 | Fax : 01 53 53 98 01

ailleurs.rod@wanadoo.fr | www.ailleurs-fr.com

**Menus :** déjeuner 15 - 18 €

**A la carte :** 40 €

Ailleurs, le bien nommé : dans un décor ocre et rouge, vous goûterez un subtil mélange de cultures culinaires, d'une créativité savoureuse et surprenante. La carte à elle seule invite au voyage. C'est osé, raffiné et chaleureux ! Il est recommandé de réserver pour déjeuner ou dîner dans ce restaurant très fréquenté. Une clientèle d'habitués vous tiendra compagnie au bar.

Ailleurs (somewhere else in French) is a fitting name for this restaurant. In an ochre and red decor, a subtle combination of culinary cultures with delicious and surprizing creativity comes alive. The menu itself invites you on a journey. It is daring, refined and warm! Reservations are recommended both for lunch and dinner since this establishment is well frequented by new and regular customers. A bar is also available on the premises.

*Déjeuner : lundi au vendredi*
*Dîner : lundi au samedi*

*Lunch : monday to friday*
*Dinner : monday to saturday*

*Inventive cuisine*

# L'Atelier de Joël Robuchon

*Direction-Sommelier*
Antoine Hernandez

*Chef-propriétaire*
Joel Robuchon

| 🚗 | 5, rue Montalembert | 75007 Paris |

❄️ *Métro Rue du Bac*

Tél : 01 42 22 56 56 | Fax : 01 42 22 97 91

**A la carte :** 60 €

🔵 Aucune réservation n'est possible, mais l'expérience mérite l'attente. Joël Robuchon, assisté de ses meilleurs lieutenants, Eric Bouchenoire, Philippe Braun et Eric Lecerf, vous invite à déguster la meilleure cuisine du monde en toute simplicité, sur un bar, assis sur un tabouret (très confortable). A la carte, une vingtaine d'assiettes dégustation et autant de plats et 200 vins dont une cinquantaine servis au verre.

🔆 Taste the best cuisine in the world at the counter, seated on a stool (very confortable). Joël Robuchon, the best Chef of our time, realizes his dream here, with a great team of chefs: Eric Bouchenoire, Philippe Braun and Eric Lecerf. Reservations are not possible, but the experience is well worth waiting for. You can choose amongst twenty apetizers and just as many "entrées". Selection of 200 wines and about fifty can be served by the glass.

*Déjeuner : ouvert tous les jours*
*Dîner : ouvert tous les soirs*

*Lunch : open everyday*
*Dinner : open every night*

*Inventive cuisine*

# Atelier Maître Albert

*Chef*
Emmanuel Monsallier

*Directeur*
Laurent Jacquet

---

🏛 1, rue Maître-Albert | 75005 Paris

---

🚗 *Métro Maubert Mutualité*

---

❄ Tél : 01 56 81 30 01 | Fax : 01 53 10 83 23

---

ateliermaitrealbert@guysavoy.com | www.ateliermaitrealbert.com

---

**Formules déjeuner :** entrée + plat ou plat + dessert = 23 €

---

entrée + plat + dessert = 28 € • **A la carte :** 50 €

---

 Dans l'une des pittoresques petites rues du vieux Paris, cette grande salle élégamment austère éclairée par une grande rôtissoire, a été décorée par Jean-Michel Wilmotte. On se régale d'une cuisine moderne, légère. La carte des vins, intéressante et diverse, permet des découvertes. Ambiance animée, accueil et service souriants et attentifs.

 Located on one of Paris' quaint, picturesque streets, this large elegantly austere dining room, lit by a large rotisserie was decorated by Jean-Michel Wilmotte. It offers a light nouvelle cuisine, with a diverse and well-chosen wine menu. The ambiance is lively and the service is friendly and courteous.

*Déjeuner : lundi au vendredi*
*Dîner : ouvert tous les soirs*

*Lunch : monday to friday*
*Dinner : open every night*

*Inventive cuisine*

# Balthazar

*Chef*
Fabrice Cornée

*Directeur*
Arnaud Zekri

 73, avenue Niel | 75017 Paris

 *Métro Pereire ou Ternes*

 Tél : 01 44 40 28 15 | Fax : 01 44 40 28 30

 **Formule :** déjeuner 22 €

**À la carte :** 38 €

🔵 Proche de la Place des Ternes, le Balthazar est un restaurant très à la mode où règne une joyeuse ambiance. Alexandre Izraelewicz y joue sur le même registre que dans son premier restaurant, la carte du confort, de l'élégance, de la qualité. Les produits de saison sont parfaitement choisis pour une cuisine traditionnelle qui se teinte parfois de non-conformisme. Le service est aimable et rapide.

🟠 Near the Place des Ternes, Le Balthazar is a restaurant very much en vogue and where the ambience is a cheerful one. As in Alexandre Izraelewicz's first restaurant, you will enjoy comfort, elegance and quality. Products in season are expertly chosen for a traditional cuisine with occasional touches of non-conformity. The service is pleasant, responsive, and rapid.

*Déjeuner :* ouvert tous les jours
*Dîner :* ouvert tous les soirs

*Lunch :* open everyday
*Dinner :* open every night

*Inventive cuisine*

# Les Bouquinistes

*Chef*
Magdala
de Baulieu Caussimon

*Responsable de salle*
Cédric Jossot

53, quai des Grands-Augustins | 75006 Paris

*Métro Saint-Michel*

Tél : 01 43 25 45 94 | Fax : 01 43 25 23 07

bouquinistes@guysavoy.com | www.guysavoy.com

**Menus :** déjeuner du marché 26,50 € - dîner 53 €

**A la carte :** 45 €

Sous l'oeil vigilant de Cédric Jossot, près du Pont Neuf, face aux bouquinistes, se situe le restaurant rive gauche de Guy Savoy, le grand Chef de la rue Troyon. Le cadre, signé d'artistes contemporains, est d'un modernisme où tous les détails surprennent. La cuisine inventive, quant à elle, est directement inspirée de la rue Troyon. Prix très attractifs pour la qualité du service et de la table.

Under the watchful eyes of Cédric Jossot, near the Pont Neuf, facing the book stalls, is the location of this Left Bank restaurant owned by the great Chef of the Rue Troyon, Guy Savoy. Inventive cuisine with such imagination it tantalizes you, very much inspired by the widely acclaimed dishes of the Rue Troyon. Attractive pricing for the quality service and fine food.

*Déjeuner : lundi au vendredi*
*Dîner : lundi au samedi*

*Lunch : monday to friday*
*Dinner : monday to saturday*

*Inventive cuisine*

# Cap Seguin

*Chef*
Mickaël Feval

*Propriétaire*
Manuel Heurtier

Face au 27, quai Le Gallo | 92100 Boulogne

Métro Pont de Sèvres

Tél : 01 46 05 06 07 | Fax : 01 46 05 06 88

www.lecapseguin.com

**Formules :** 26 € - 34 €

**A la carte :** 45 €

Au cap Seguin, situé sur la Seine, face au Parc de Saint-Cloud, l'accent est mis sur l'accueil et vous y serez reçu un peu comme à la maison. Manu, Mickaël et toute l'équipe du Cap Seguin vous feront découvrir, dans un cadre exceptionnel, une cuisine toujours renouvelée en fonction du marché. La passerelle, espace flottant lumineux et panoramique, vous attend également pour toutes vos réceptions privées ou professionnelles.

At the Cap Seguin on the Seine, opposite Saint-Cloud Park, welcoming guests as if they were coming home is a priority. Manu, Mickaël and all the Cap Seguin team will introduce you to dishes that continuously change depending on the market. The setting is exceptional. Your private or professional receptions can be accommodated on "la passerelle", a floating hall with its many lights and panoramic views.

*Déjeuner : lundi au vendredi*
*Dîner : lundi au samedi*

*Lunch : monday to friday*
*Dinner : monday to saturday*

# Château de Montvillargenne

*Authenticité...*
*Sérénité...*
*Richesse d'un patrimoine... !*

Idéalement situé : 20 minutes de Roissy Charles de Gaulle,
35 km au nord de Paris, en plein cœur de la forêt
de Chantilly et à 2 pas du centre d'entraînement
des chevaux de course et de l'Hippodrome !
120 chambres de grand confort
(toutes équipées d'un bain bouillonnant),
aux ambiances différentes, laissez-vous charmer par la
collection d'un grand voyageur : orientale, vénitienne, japonaise,
chinoise, empire, provençale, directoire, africaine ...
Quand la gastronomie devient un art de vivre ...
Restaurant gastronomique "Le Vilargène". Maintes fois
récompensé, découvrez notre cuisine rafinée et inventive !

*L'Authenticité d'un savoir-faire !*

Tèl : 03 44 62 36 36 - Fax : 03 44 57 28 97
Email : chateau@montvillargenne.com
Internet : www.chateaudemontvillargenne.com
Avenue François Mathet - 60270 Gouvieux

*Cuisine inventive*

# Chai 33

*Chef exécutif*
Alain Préault

*Directeur d'exploitation*
Grégory Boubert

33, cour Saint-Emilion | 75012 Paris

*Métro Cour Saint-Emilion*

Tél : 01 53 44 01 01 | Fax : 01 53 44 01 02

info@chai33.com | www.chai33.com

**Menus :** déjeuner 15 - 21 € - dîner 20 € • **À la carte :** 42 €

**Brunch :** 25 € (dimanche et jours fériés)

À Bercy Village, ce restaurant-bar dédié au vin est une immense brasserie contemporaine et très animée. Sur les lourdes tables en pierre de lave et plateau de bois brut, se trouve « la clef des vins » invitant à aller dans la cave, très éclectique et riche de plus de 500 références, choisir avec le conseil d'un sommelier, sa bouteille, ouverte aussitôt ou emportée. On y déguste une cuisine de voyage d'un excellent rapport qualité-prix.

In Bercy Village, this wine-dedicated restaurant-bar is a huge contemporary brasserie and a very lively venue. On the heavy lava rock tables with their rough timber tops your "wine key" awaits you, with which you are invited to go to the cellar containing more than 500 wines. There, a sommelier will help you choose a bottle to open immediately or to take away. The best produce is selected for a traveller's menu that gives excellent value for money.

*Déjeuner : ouvert tous les jours*
*Dîner : ouvert tous les soirs*

*Lunch : open everyday*
*Dinner : open every night*

*Inventive cuisine*

# Le Chalet des Iles

*Chef*
Stéphane Trouillard

*Relation clientèle*
Ingrid Martensson

| | |
|---|---|
| 🖼 | Lac du Bois de Boulogne \| 75016 Paris |
| 🚗 | *RER Avenue Henri Martin ou métro Rue de la Pompe* |
| ☎ | Tél : 01 42 88 04 69 \| Fax : 01 42 88 84 09 |
| ❄ | www.lechaletdesiles.net |
| 🎵 | **Menus :** 23 - 30 € |

**A la carte :** 40 €

🔵 A la Porte de la Muette, à 5 minutes de l'Etoile et de la Défense, le Chalet des Iles offre le charme de la nature en plein cœur de Paris, sur le lac du bois de Boulogne. Très couru l'été avec ses différentes terrasses, il est surtout devenu une de nos adresses préférées l'hiver, grâce à une décoration chaleureuse axée autour de sa cheminée et de son piano. Doté d'un parking d'environ 200 places et accessible en trente secondes de bac.

🦋 A few minutes from the Place de l'Etoile and La Défense, the Chalet des Iles is on the lake of the Bois de Boulogne, easily reached by a minute boat ride. The owners of the Petit Poucet, the Méditerrannée and the River Café recently restored this place of exception with the utmost care. Various terraces, one of our favorite addresses in winter, fine decor, centered around its fireplace and its piano. Parking for approximately 200 vehicles.

*Déjeuner : mardi au dimanche*
*Dîner : mardi au samedi*

*Lunch : tuesday to sunday*
*Dinner : tuesday to saturday*

*Inventive cuisine*

# Chez Catherine

*Chef-associée*
Catherine Guerraz

*Associé*
Frédéric Bricka

🏛 3, rue Berryer | 75008 Paris

◎ *Métro Charles de Gaulle Etoile*

✳ Tél : 01 40 76 01 40 | Fax : 01 40 76 03 96

🍴 **Menus :** déjeuner 45 € - surprise 65 €

**Formules :** 40 € - 50 €

**A la carte :** 67 €

⚪ Dans le quartier de l'Étoile, Catherine Guerraz met tout son talent de fine cuisinière et de parfaite hôtesse dans une belle salle à manger, aux couleurs chaudes. Les trouvailles culinaires sont nombreuses, délicieuses et réalisées avec les meilleurs produits de saison. La cave est riche et le service charmant.

✳ In the Etoile district, the gifted Catherine Guerraz is both a fine Chef and an excellent hostess in her beautiful, warmly-colored dining room. The best products are served depending on the season. Many culinary discoveries are to be made, all well crafted and tasty. The cellar is plentiful, the service charming.

*Déjeuner : lundi au vendredi*
*Dîner : lundi au vendredi*

*Lunch : monday to friday*
*Dinner : monday to friday*

*Inventive cuisine*

# Les Comédiens

*Chef-propriétaire*
**Gilles Bellot**

*Directeur-propriétaire*
**Charlie Marciano**

 7, rue Blanche | 75009 Paris

*Métro Trinité*

Tél : 01 40 82 95 95 | Fax : 01 40 82 96 95

**A la carte :** 50 €

A deux pas du Théâtre de Paris et à proximité du Casino de Paris, Charlie Marciano et Gilles Bellot se sont associés pour ouvrir ce lieu rapidement devenu un rendez-vous très parisien à l'heure du déjeuner et très «théâtre», tard le soir. Le spectacle est alors dans la salle avec vue sur la rôtissoire et les fourneaux de Gilles Bellot. La carte change tous les jours, en fonction du marché excepté pour quelques spécialités incontournables.

A few steps from the Théâtre de Paris and near the Casino de Paris, Charlie Marciano and Gilles Bellot joined forces to open this restaurant that soon became a very Parisian meeting place at lunch time, and a very theatrical place late in the evening, when the show moves to the dining room with its view on the rôtisserie and Gilles Bellot's ovens. The menu changes everyday according to the market, except for a few musts.

*Déjeuner : lundi au vendredi*
*Dîner : lundi au samedi*

*Lunch : monday to friday*
*Dinner : monday to saturday*

*Inventive cuisine*

# Dominique Bouchet

*Chef-propriétaire*
Dominique Bouchet

*Responsable de salle*
Yann Le Pevedic

11, rue Treilhard | 75008 Paris

*Métro Miromesnil*

Tél : 01 45 61 09 46 | Fax : 01 42 89 11 14

www.dominique-bouchet.com

**A la carte :** 50 €

Ambassadeur de la gastronomie française à travers le monde, en particulier au Japon, Dominique Bouchet signe un lieu sans sophistication, clair, élégant, confortable et beau. Les tables espacées favorisent les discussions d'affaires. De la salle, les convives voient le Chef évoluer dans sa cuisine ouverte, avec l'assurance tranquille qu'apporte le grand savoir, pour des recettes parfaitement exécutées, qu'escorte une carte des vins à prix très étudiés.

Dominique Bouchet, ambassador of French gastronomy throughout the world and especially in Japan has opened a venue without frills, but which is light, elegant, quiet and comfortable. The well-spaced tables facilitate business discussions. As you eat, you can see the chef working in his open kitchens, his quiet confidence conveyed by his great skill as he prepares your dishes to perfection. The accompanying wines are pleasant and carefully priced.

*Déjeuner : lundi au vendredi*
*Dîner : lundi au vendredi*

*Lunch : monday to friday*
*Dinner : monday to friday*

107

*Inventive cuisine*

# L'Etoile

*Chef*
Eric Chattelard

*Propriétaire*
Tony Gomez

🏛 12, rue de Presbourg │ 75016 Paris

🚇 *Métro Charles de Gaulle Etoile*

📞 Tél : 01 45 00 78 70 │ Fax : 01 45 00 78 71

✳ wwwletoileparis.com

🌂 **Menu :** déjeuner 39 €

🎵 **A la carte :** 75 €

⏩ ⚪ De la salle à manger de ce magnifique hôtel particulier Empire, la vue sur l'Arc de Triomphe est magnifique, lumineuse le jour, féerique la nuit. Unique ! Une équipe renouvelée a donné à cette adresse un éclat incomparable dont Tony Gomez assure les commandes. Le conseiller culinaire, Patrick Lenôtre, a créé une carte gourmande qui oscille avec bonheur entre tradition et modernité. L'ambiance est très parisienne, raffinée et gastronomique.

✴ The view from this magnificent First Empire town house over the Arc de Triomphe, gleaming brightly by day and lit like a fairy tale castle at night, is simply unique. A new team under the leadership of Tony Gomez has given this place added brilliance. The culinary expert, Patrick Lenôtre, has drawn up a menu that happily alternates between tradition and innovation. The atmosphere is very Parisian, refined and gastronomic.

*Déjeuner : lundi au vendredi*
*Dîner : lundi au samedi*

*Lunch : monday to friday*
*Dinner : monday to saturday*

*Inventive cuisine*

# Le Flora Danica

*Chef*
Georges Landriot

*Directeur*
Jean-Jacques Guillot

142, avenue des Champs-Elysées | 75008 Paris

*Métro George V*

Tél : 01 44 13 86 26 | Fax : 01 44 13 89 44

floradanica@wanadoo.fr | www.restaurantfloradanica.com

**Menus :** 33 € - Grand buffet scandinave 35 € (le dimanche de 12h à 17h)

**A la carte :** 50 €

Sur les Champs Élysées, cette maison vouée aux spécialités danoises est le rendez-vous des amateurs de gastronomie nordique. Elle est interprétée à merveille par Georges Landriot et son équipe qui mêlent subtilement quelques touches françaises à la cuisine traditionnelle. Au rez-de-chaussée, une vaste terrasse couverte borde les salles ; à l'étage, une immense terrasse toute en verdure permet de se restaurer sous le soleil de Paris pendant l'été.

Located on the Champs Elysées, this restaurant dedicated to Danish specialties is a rendez-vous for lovers of Scandinavian cuisine. It is marvelously run by Georges Landriot and his team who subtly add in some French touches to the traditional cuisine. At ground level, an immense covered terrace borders the dining rooms and on the first floor a vast, leafy terrace offers refreshment under the Paris sunshine in summer.

*Déjeuner : ouvert tous les jours*
*Dîner : ouvert tous les soirs*

*Lunch : open everyday*
*Dinner : open every night*

*Inventive cuisine*

# La Place

*Executive chef*
Didier Pioline

*General manager*
Nathalie Seiler

Radisson SAS Hôtel | 78, avenue Marceau | 75008 Paris

*Métro Charles de Gaulle Étoile*

Tél : 01 53 23 43 63 | Fax : 01 53 23 43 44

**Menu :** dîner 50 €

**A la carte :** 60 €

Amateurs de perles rares, découvrez un restaurant intime et raffiné, avec un petit jardin clos pour manger au calme à deux pas de l'Arc de Triomphe : La Place, caché au sein de l'hôtel Radisson, et pourtant un vrai restaurant à part entière. Didier Pioline y manie avec délicatesse l'art du contraste. Les produits, extra-frais, sont subtilement travaillés et magnifiquement servis dans une ambiance cosy.

For those who like to uncover unique treasures, La Place is a refined restaurant with a small enclosed garden in which to eat in intimate tranquillity, just a stone's throw from the Arc de Triomphe. It is hidden within the Hotel Radisson, yet is nevertheless a full, independent establishment. Didier Pioline delicately manipulates the art of contrast here. Super-fresh produce, subtly prepared and magnificently served in a cosy setting.

*Déjeuner : lundi au vendredi*
*Dîner : lundi au vendredi*

*Lunch : monday to friday*
*Dinner : monday to friday*

*Chef de cuisine*
Laurent Pourcel

# Maison Blanche

*Chef de cuisine*
Jacques Pourcel

 15, avenue Montaigne | 75008 Paris

*Métro Alma-Marceau ou Franklin D. Roosevelt*

Tél : 01 47 23 55 99 | Fax : 01 47 20 09 56

 info@maison-blanche.fr | www.maison-blanche.fr

**Menu :** déjeuner 65 €

**A la carte :** 110 €

○ Perché sur les toits du Théâtre des Champs Elysées, le restaurant Maison Blanche offre une vue imprenable sur l'ouest parisien. C'est dans un décor aux lignes sobres et épurées, signé Imaad Rahmouni, que s'exprime la cuisine des frères Pourcel, triplement étoilés au Jardin des Sens à Montpellier. Celle-ci repose sur des contrastes détonants, sucré-salé, aigre-doux, chaud-froid, fondant-croquant et se renouvelle au gré des saisons.

✳ Situated above the Théatre des Champs Elysées, on the prestigious Avenue Montaigne, the Maison Blanche restaurant offers a fabulous view over the west area of Paris. The menu is full of the culinary creations from the famous twin brothers Jacques and Laurent Pourcel, who take turns to come and run their new Paris kitchens without neglecting their famous three star Au Jardin des Sens restaurant in Montpellier.

*Déjeuner : lundi au vendredi*
*Dîner : ouvert tous les soirs*

*Lunch : monday to friday*
*Dinner : open every night*

*Inventive cuisine*

# Market

*Chef*
Jean-Georges
Vongerichten

*Directeur général*
Eric Précigoux

 15, avenue Matignon | 75008 Paris

*Métro Franklin D. Roosevelt*

Tél : 01 56 43 40 90 | Fax : 01 43 59 10 87

prmarketsa@aol.com | www.jean-georges.com

**Menu :** déjeuner 32 €

**A la carte :** 55 €

À un pas du Rond-Point des Champs Elysées et de Christie's, le Chef franco-new-yorkais Jean-Georges Vongerichten signe son premier restaurant parisien. La décoration de cette salle à manger animée, où se retrouvent le Tout-Paris de la mode et du spectacle, est signée Christian Liaigre. La cuisine, aux accents multiples et à laquelle participent de façon raffinée épices et aromates, est originale et élégante.

*Déjeuner : ouvert tous les jours*
*Dîner : ouvert tous les soirs*

You will find French New Yorker Jean-Georges Vongerichten's first venture in Paris just a stone's throw away from the Rond-Point des Champs Elysées and Christie's. Interior designer Christian Liaigre has cast his spell over the dining room that is a popular meeting place for the Paris jet set from the worlds of fashion and show business. Subtle cuisine to which spices and seasoning give a genuine air of refinement.

*Lunch : open everyday*
*Dinner : open every night*

*Inventive cuisine*

# Pavillon des Princes

Gilles Épié

Nadia

| | |
|---|---|
| 🏛 | 69, avenue de la Porte d'Auteuil  \|  75016 Paris |
| 🚪 | *Métro Porte d'Auteuil* |
| 📷 | Tél : 01 47 43 15 15  \|  Fax : 01 46 51 16 94 |
| ⛱ | pavillon.des.princes@wanadoo.fr  \|  www.pavillon-des-princes.com |
| 🎵 | **Menus :** 25 € - 35 € |
| ▷ | **A la carte :** 50 € |

🔵 Derrière les courts de tennis de Roland Garros, Gilles Épié a investi cet ancien rendez-vous de chasse construit au XVIIIème siècle. Ce chef talentueux applique ici sa maîtrise d'une cuisine simple et goûteuse, basée sur les meilleurs produits, à des prix remarquablement calculés. Les goûts sont purs, les idées nouvelles, clairement réalisées sur des bases classiques. Autour de cet aimable chef, le service est impeccable.

✳ Behind the Roland Garros tennis courts, on the outskirts of the Bois de Boulogne, Gilles Epié has converted what was once a hunting gallery back in the 18th century into a restaurant offering pure flavors and innovative ideas, yet remaining faithful to the chief components of classical cuisine. This talented Chef masters his creations with quality products and remarkably fair pricing. Alongside this friendly Chef is his equally friendly and impeccable staff.

*Déjeuner : ouvert tous les jours*
*Dîner : ouvert tous les soirs*

*Lunch : open everyday*
*Dinner : open every night*

113

*Inventive cuisine*

# Pierre au Palais Royal

*Chef-Propriétaire*
David Frémondière

*Propriétaire*
Nadia Frémondière

 10, rue de Richelieu ou 4, rue Montpensier | 75001 Paris

*Métro Palais Royal - Musée du Louvre*

Tél : 01 42 96 09 17 | Fax : 01 42 96 26 40

pierreaupalaisroyal@wanadoo.fr

**Menus carte :** 2 plats au choix 28 € · 3 plats au choix 35 €

Au cœur du Paris artistique, au Palais Royal, tout près du Musée du Louvre, de quelques théâtres et de la Cour des Comptes, David Frémondière a rafraîchi ce restaurant élégant, un classique de la vie parisienne. La tendance Sud s'affirme en des créations parfumées, réalisées avec des produits hyper sélectionnés. Le cadre est propice aux déjeuners d'affaires et Nadia Frémondière vous accueille avec grâce et compétence.

In the heart of artistic Paris, close to the Palais Royal, the Louvre and some theatres, David Frémondière has refreshened this elegant restaurant, a classic of Parisian life. The southern influence prevails on the well-seasoned creations, executed with extra fine products. The atmosphere is convenient for business lunches and Nadia Frémondière welcomes you with grace and competence.

*Déjeuner : lundi au vendredi*
*Dîner : lundi au samedi*

*Lunch : monday to friday*
*Dinner : monday to saturday*

*Inventive cuisine*

# Pinxo

*Chef-Manager*
Fabrice Dubos

Emmanuel-Olive Keravec
Sandrine Dauthuille

🏠 9, rue d'Alger | 75001 Paris

🚗 *Métro Tuileries*

❄ Tél : 01 40 20 72 00 | Fax : 01 40 20 72 02

**À la carte :** 38 €

🌑 Pour ce restaurant, Alain Dutournier, Chef et propriétaire du Carré des Feuillants, a choisi un décor actuel et fonctionnel où l'espace cuisine et l'espace accueil ne font qu'un. On se régale sur le long plan de travail en granit ou à table, d'une cuisine inventive influencée par les produits de saison, l'exotisme et l'envie du moment.

✳ Alain Dutournier from Le Carré des Feuillants has chosen a contemporary and functional setting in this restaurant that welcomes the kitchens and the dining room in the same space. Here, every plate is intended to be shared by two or three dinner guests. One can feast at the bar or at a table and enjoy a creative seasonal cuisine.

*Déjeuner : ouvert tous les jours*
*Dîner : ouvert tous les soirs*

*Lunch : open everyday*
*Dinner : open every night*

*Inventive cuisine*

# Point Bar

*Chef*
Olivier de Saint-
Germain

*Propriétaire*
**Alice Bardet**

---

🏛 40, place du marché Saint-Honoré | 75001 Paris

---

◻ *Métro Pyramides*

---

☂ Tél : 01 42 61 76 28 | Fax : 01 42 96 46 90

---

**Formules déjeuner :** 15 € - 20 € - 25 €

---

**Menu enfants :** 15 € (plats de la carte en 1/2 portions)

---

**A la carte :** 41 €

---

🌑 C'est au cœur de la Place du Marché Saint-Honoré, entre Opéra et Palais Royal qu'Alice Bardet a choisi d'installer son charmant restaurant. Son patronyme n'est pas inconnu. Elle est la fille de Jean et Sophie Bardet, les étoilés de Tours. Une référence qui se confirme à la dégustation d'une carte qui, pour être jeune, parfois originale et voyageuse, n'en est pas moins basée sur une solide culture gastronomique.

🌑 It's in the heart of the Place du Marché Saint-Honoré, between the Opéra and the Palais Royal, that Alice Bardet chose to establish this charming restaurant. If her patronymic rings a bell, it's because she is the daughter of Jean and Sophie Bardet, the 3 star Chefs of Tours. The menu albeit modern, original and cosmopolitan finds its solid basis in a family classic culinary heritage.

---

*Déjeuner : mardi au samedi*
*Dîner : mardi au samedi*

*Lunch : tuesday to saturday*
*Dinner : tuesday to saturday*

*Inventive cuisine*

# Le Roland Garros

*Chef*
Xavier Rousseau

*Directeur*
Jean-Pierre Bourhis

2 bis, avenue Gordon Bennett | 75016 Paris

*Métro Porte d'Auteuil*

Tél : 01 47 43 49 56 | Fax : 01 40 71 83 24

www.laffiche.fr

**A la carte :** 60 €

Le paradis de la terre battue ouvre enfin sa grille, sur un cottage niché dans la verdure, longtemps réservé à l'élite du tennis. Le décor, signé Miguel Cancio, joue la chaleur brique et bois sous la lumière des verrières. La cuisine est de Xavier Rousseau, jeune Chef formé chez les plus grands. Rôtissoire, wok ou plancha : sa cuisine brasse avec bonheur tradition et tendance, les plats sont préparés à la minute et devant vous. Terrasse fleurie.

Heaven at last opens its gates, revealing a cottage concealed amidst the greenery, once the hiding-spot of tennis Elite. The decor by Miguel Cancio is a warm blend of brick, wood and sunlight. Taught by the greatest, young Chef Hervé Bourg uses rotisserie, wok and char grill in a traditional yet original cuisine. Dishes are made before you at the shortest notice. In the summer, it's game, set and match for the flowery terrace.

*Déjeuner : lundi au vendredi*
*Dîner : lundi au samedi*

*Lunch : monday to friday*
*Dinner : monday to saturday*

*Inventive cuisine*

# Rue Balzac

*Co-propriétaire*
Johnny Hallyday

*Co-propriétaire*
Claude Bouillon

3, rue Balzac | 75008 Paris

*Métro George V*

Tél : 01 53 89 90 91 | Fax : 01 53 89 90 94

ruebalzac@wanadoo.fr

**A la carte :** 57 €

Petits déjeuners d'affaires : du lundi au vendredi de 8h30 à 10h30

Cinq ans déjà que Johnny Hallyday et Claude Bouillon ont créé le Rue Balzac. Il faut goûter la cuisine élaborée par Laëticia et Yann Roncier qui se veut inventive et délicate pour petits et grands mangeurs (PM/GM). Vous croiserez Johnny dans le nouveau bar, imaginé par ses soins, pour y recevoir les amis et les inconditionnels du restaurant.

It has already been five years since Johnny Hallyday and Claude Bouillon created Le Rue Balzac. It is a must-do to explore the culinary flavors, with portions adapted both to delicate eaters and big eaters. You might come across Johnny in the newly created bar that the singer envisioned to welcome his friends and enthusiastic customers of the restaurant.

*Déjeuner : lundi au vendredi*
*Dîner : ouvert tous les soirs*

*Lunch : monday to friday*
*Dinner : open every night*

*Inventive cuisine*

# Spicy

*Chef*
Pascal Prod'Homme

*Propriétaire*
Pierre-François Blanc

 8, avenue Franklin Roosevelt | 75008 Paris

*Métro Franklin D. Roosevelt*

Tél : 01 56 59 62 59 | Fax : 01 56 59 62 50

astalaya@spicyrestaurant.com | www.spicyrestaurant.com

**Menus :** Spicy 28 € • **Brunch :** 17 - 28 € (uniquement le dimanche)

**A la carte :** 39 €

Spicy, comme son nom l'indique, c'est le paradis des épices, mais des épices douces, ramenées des quatre coins du monde et savamment mêlées aux traditions méditerranéennes. Ce sont de savants mélanges que propose le Chef globe-trotter Pascal Prod'homme. Au total, une halte très chaleureuse dans un cadre cosy de brique et de bois brut, à deux pas du Rond-Point des Champs Elysées... Dépaysant !

Just a step from the Champs Elysées, Spicy offers a warm halt. The cozy charm of this place results from a successful combination of brick and wood chosen by the fashionable decorator François Wapler. Steered by Pascal Prod'homme, the cuisine is refined and audacious. And of course, while remaining loyal to its inspirations of worldwide flavors, quality always comes first.

*Déjeuner : ouvert tous les jours*
*Dîner : ouvert tous les soirs*

*Lunch : open everyday*
*Dinner : open every night*

*Inventive cuisine*

# Spoon Food & Wine

*Chef*
Stéphane Colé

*Directeur*
Christian Laval

🏛 14, rue de Marignan │ 75008 Paris

🚇 *Métro Franklin D. Roosevelt*

❄ Tél : 01 40 76 34 44 │ Fax : 01 40 76 34 37

🍷 spoonfood@aol.com │ www.spoon.tm.fr

**Menu :** déjeuner "Spoon Sum" 40 €

**A la carte :** 80 €

 Dans ce restaurant à cent mètres des Champs Elysées, Alain Ducasse a créé un véritable métissage culinaire. Inspirés des cuisines du monde entier, plats, sauces et garnitures se combinent au gré de chacun pour un menu original, personnel et unique. Les convives s'attardent dans ce lieu élégant, tout en pastel.

 Alain Ducasse founded a new style of gastronomy in this restaurant located only a hundred meters from the Champs Elysées. Inspired by cuisines from all over the world, appetizers, entrees, sauces and side orders are personalized to your tastes in a highly original and unique menu. Elegant surroundings decorated in pastel shades.

*Déjeuner : lundi au vendredi*
*Dîner : lundi au vendredi*

*Lunch : monday to friday*
*Dinner : monday to friday*

*Inventive cuisine*

# La Suite

*Chef*
Cyril Lignac

*Directeur*
Didier Vérité

40, avenue George V | 75008 Paris

*Métro George V*

Tél : 01 53 57 49 49 | Fax : 01 53 57 49 48

pb.lasuite@wanadoo.fr | www.lasuite.net

**Menu :** déjeuner 25 €

**A la carte :** 60 €

Une superbe rotonde et une ambiance chic et sensuelle où rien n'a été laissé au hasard. L'élégance se retrouve bien sûr dans les assiettes, tout est aussi beau que bon ! La cuisine de Cyril Lignac (élève des Frères Pourcel) est innovante. Envie de prendre un verre ? Le sweet-bar vous accueille de 20h à 2h du matin du lundi au mercredi et de 20h à 5h du matin du jeudi au samedi.

Magnificent rotunda and smart and sensual atmosphere where nothing was left to random. A disciple of the Pourcel brothers, Cyril Lignac's cuisine is delicious and innovative. Fancy a drink? The pink-colored bar welcomes you from 8:00 pm till 2:00 am Mondays to Wednesdays and from 8:00 pm till 5:00 am Thursdays to Saturdays.

*Déjeuner :* lundi au vendredi
*Dîner :* ouvert tous les soirs

*Lunch :* monday to friday
*Dinner :* open every night

*Inventive cuisine*

# Le Télégraphe

*Chef*
Erwan Langlo

*Directeur*
Alain Leblanc

 41, rue de Lille | 75007 Paris

 *Métro Assemblée Nationale*

 Tél : 01 42 92 03 04 | Fax : 01 42 92 02 77

 lamaisondutelegraphe@wanadoo.fr | www.letelegraphe.fr

**Menu :** déjeuner 50 € • **Brunch :** 50 € (le dimanche de 11h à 16h)

**A la carte :** 84 €

Idéalement situé entre Saint-Germain-des-Prés et le Musée d'Orsay, le Télégraphe arrive sur le devant de la scène gastronomique française. Le jeune Chef Erwan Langlo, inventif et attentif aux tendances, a su créer un menu où se déclinent des saveurs inattendues. Côté desserts, le Chef pâtissier Georges Czul propose des compositions originales à la douceur gourmande.

Ideally situated between Saint-Germain-des-Prés and the Musée d'Orsay, Le Telegraphe is at the forefront of French gastronomy. Young chef, Erwan Langlo is inventive and innovative, creating flavors that lean towards the unexpected. For dessert, pastry chef Georges Czul offers unique, scrumptious creations appealing to those with a sweet tooth.

*Déjeuner : lundi au vendredi*
*Dîner : samedi au jeudi*

*Lunch : monday to friday*
*Dinner : saturday to thursday*

*Inventive cuisine*

# Au Trou Gascon

*Chef*
Jean-Charles Pâquet

*Propriétaire*
Nicole Dutournier

40, rue Taine | 75012 Paris

*Métro Daumesnil*

Tél : 01 43 44 34 26 | Fax : 01 43 07 80 55

**Menus :** déjeuner 40 € - "Idées de la saison" 100 €

**A la carte :** 65 €

A deux pas de Bercy, un cadre actuel et confortable, aux lignes contemporaines, où la cuisine chante toujours le Sud-Adour et l'Océan en laissant toutefois la part belle à l'innovation. Grande cave riche d'une sélection éclectique, qui donne aux oenophiles passionnés la possibilité de découvrir les meilleurs vins du sud-ouest, sans oublier une centaine de Bas-Armagnacs de collection.

Just a short walk from Bercy, a modern, comfortable setting with contemporary furnishings, where the cuisine is always inspired by the southern Adour region and the Atlantic ocean not forgetting a large dose of innovation. A large rich cellar, eclectically filled, gives wine lovers an opportunity to sample the best wines of Southwest France, not to mention around a hundred rare Bas-Armagnacs.

*Déjeuner :* lundi au vendredi
*Dîner :* lundi au vendredi

*Lunch :* monday to friday
*Dîner :* monday to friday

*Inventive cuisine*

# La Truffe Noire

*Chef-propriétaire*
Patrice Hardy

*Directeur de salle*
Philippe Tourtet

2, place Parmentier | 92200 Neuilly Sur Seine

*Métro Porte Maillot*

Tél : 01 46 24 94 14 | Fax : 01 46 24 94 60

www.truffe-noire.com

**Formule :** déjeuner et dîner 36 € • **Menu truffe :** dîner 68 à 98 €

**A la carte :** 36 €

 Proche de la porte Maillot et du Palais des Congrès, ce restaurant est spécialisé dans la truffe noire de toutes les saisons. La carte de Patrice Hardy en exprime toutes les facettes gustatives en les associant aux produits du marché. Ce chef est un virtuose qui aime à explorer les saveurs et les couleurs et à les mettre en scène de façon magistrale dans l'assiette. Intéressante carte des vins, accueil charmant et service attentif et aimable.

Near the Porte Maillot and the Palais des Congrès, this restaurant specializes in the "Black Diamond" as truffles are known in France. Patrice Hardy's menu expresses all of its tasteful facets associated with seasonal products. This expert Chef adores exploring flavors and colors, disposing them with majestic skill on your plate. A well-selected wine list, friendly courteous service from the staff and a very warm welcome.

*Déjeuner : lundi au vendredi*
*Dîner : lundi au vendredi*

*Lunch : monday to friday*
*Dîner : monday to friday*

*Inventive cuisine*

# Zo

*Co-propriéaire*
Olivier Haski

*Co-propriétaire*
Michael Memmi

13, rue Montalivet | 75008 Paris

*Métro Madeleine*

Tél : 01 42 65 18 18 | Fax : 01 42 65 10 92

info@restaurantzo.com

**Menus :** déjeuner 16 € - dimanche soir 23 € (entrée+plat+dessert)

**A la carte :** 33 €

Pour abolir les frontières, Zo joue la carte du métissage des tendances. Voilà une belle occasion de pousser la porte de cet endroit chaleureux qui accueille les partisans actifs de ce restaurant «profusion». Dans une atmosphère pleine de charme mystérieux, entre couleurs d'Afrique pour la lumière, couleurs de Provence pour la décoration, couleurs d'Asie pour la présentation, couleurs de Paris pour la finition, vous succomberez à la magie.

Zo's intelligent mix of trends does away with boundaries, frontiers and borders. Its warm atmosphere blends the mysterious charms of African tones for the lighting, Provencal hues for the decoration, Asian shades for presentation and Parisian colors for finish. All ardent advocates are delighted by Zo's 'promerger' philosophy.

*Déjeuner : lundi au vendredi*
*Dîner : ouvert tous les soirs*

*Lunch : monday to friday*
*Dîner : open every night*

# Fun & trendy

## Restaurants tendance

de 30 à 55€
*(Prix sans vin, taxes incluses)*

*Réservations*
*Reservations*

*Salon privé*
*Private room*

*Service voiturier*
*Valet parking*

*Air conditionné*
*Air conditioning*

*Cravate souhaitée*
*Jacket or tie required*

*Terrasse*
*Outdoor dining*

*Cave exceptionnelle*
*Exceptional wine cellar*

*Vue exceptionnelle*
*Exceptional view*

*Ambiance musicale*
*Musical ambience*

*Fun & trendy*

# L'Alcazar

*Chef*
Guillaume Lutard

*Directeur*
Michel Besmond

🏛 62, rue Mazarine | 75006 Paris

🔲 *Métro Odéon*

❄ Tél : 01 53 10 19 99 | Fax : 01 53 10 23 23

🎵 contact@alcazar.fr | www.alcazar.fr

**Menus :** déjeuner à partir de 17 € - dîner 37 €

**A la carte :** à partir de 45 €

🌑 Cette brasserie chic griffée Sir Terence Conran, qui a pris la place de l'ancien cabaret de l'Alcazar, vous accueille sous une verrière et dans un décor contemporain, avec une cuisine juste séparée de la salle par une vitre et un bar en mezzanine où l'on peut dîner dans une atmosphère lounge élégante. La cuisine de Guillaume Lutard, qui fut au Taillevent, présente un registre ludique, entre fruits de mer et plats classiques.

✳ A chic brasserie designed by Sir Terence Conran has replaced the old Alcazar cabaret. Under its glass roof, in a modern decor, you can dine in an elegant and festive lounge atmosphere with the best DJ's in Paris. A warm welcome, attentive service at bare wood or white-clothed tables. Guillaume Lutard, an ex-Chef from Taillevent, offers a range of fun fare, from seafood to classic French or English inspired dishes that suit a relaxed gourmet clientele.

*Déjeuner : ouvert tous les jours*
*Dîner : ouvert tous les soirs*

*Lunch : open everyday*
*Dinner : open every night*

*Fun & trendy*

# Apollo

*Chef*
Philippe Vasseur

Marc Puech,
Christophe Haleblian

☎ 3, place Denfert-Rochereau | 75014 Paris

🚗 *Métro Denfert-Rochereau*

🎪 Tél : 01 45 38 76 77 | Fax : 01 43 22 02 15

**Menu :** déjeuner 18 € (sauf week-end)

**A la carte :** 35 €

🔵 Le pari de l'équipe de Quai Ouest d'installer un restaurant à la fois design et grand public dans l'ancienne bagagerie de la gare, monument classé datant de 1846, sur la place Denfert-Rochereau est réussi : Apollo est un lieu chargé d'âme, aux couleurs des années 1970, avec une immense terrasse calme et ensoleillée. A la carte, des plats soignés, bien présentés et copieux, avec des cocktails d'un vrai barman.

🏴󠁧󠁢󠁥󠁮󠁧󠁿 The ambition of the Quai Ouest Restaurant team to set up a restaurant in the former bagagerie of a train station, a classified monument dating 1846, on the place Denfert-Rochereau is met: Apollo is a place loaded with soul, in the colors of the 1970s, with large quiet and sunny terrace. A la carte, good taste is above all, whether it's from here or else-were: dishes are well prepared and generously served, with cocktails from a true bartender.

*Déjeuner : ouvert tous les jours*
*Dîner : ouvert tous les soirs*

*Lunch : open everyday*
*Dinner : open every night*

*Fun & trendy*

# L'Appart

*Chef*
Samuel Le Torriellec

*Directrice*
Odile Gibier Rambaud

9-11, rue du Colisée | 75008 Paris

*Métro Franklin D. Roosevelt*

Tél : 01 53 75 42 00 | Fax : 01 53 75 42 09

de.appart@blanc.net | www.lappart.com

**Formule :** "Dîner+Spectacle" à partir de 52 € (tél. : 01 44 71 86 82)

**Brunch :** dimanche et jours fériés • **A la carte :** 48 €

A deux pas des Champs Élysées, L'Appart fait partie de ces adresses intimistes aux climats sereins. Le concept est original et ludique, le restaurant est conçu comme un appartement. Chaque espace a son ambiance et sa personnalité mais tous privilégient la convivialité.

Just one block away from the Champs Élysées, L'Appart is one of those private, cosy places. The concept is different and fun: the restaurant is designed like an apartment. Each area has its own atmosphere and character but warm friendliness is the basic feature of all.

*Déjeuner : ouvert tous les jours*
*Dîner : ouvert tous les soirs*

*Lunch : open everyday*
*Dinner : open every night*

*Fun & trendy*

# L'Avenue

*Chef*
Thierry Nardy

*Directeur*
Fabrice Fedil

41, avenue Montaigne | 75008 Paris

*Métro Franklin D. Roosevelt*

Tél : 01 40 70 14 91 | Fax : 01 40 70 91 97

avenue@costes.gestion.net

**A la carte :** 35 à 42 €

Au cœur du Triangle d'Or et de la plus chic des avenues de Paris, l'Avenue Montaigne, à deux pas des Champs Elysées et des média, ce restaurant est devenu, par un nouveau coup de baguette magique des Frères Costes un haut-lieu de la vie parisienne. Toute la journée, du petit déjeuner au dîner, vedettes, couturiers, mannequins, journalistes, grands sportifs, photographes connus s'y pressent en une foule élégante. Le service est discret et efficace.

At the heart of the Golden Triangle and the most stylish of Parisian avenues, avenue Montaigne, a stone's throw from the Champs-Elysées, this restaurant has become, thanks to another wave of their magic wand by the Costes brothers, the Mecca of Parisian dining. Throughout the day, from breakfast to dinner, an elegant clientele of film stars, fashion designers, models, journalists, sports stars and well-known photographers rub shoulders.

*Déjeuner : ouvert tous les jours*
*Dîner : ouvert tous les soirs*

*Lunch : open everyday*
*Dinner : open every night*

*Fun & trendy*

# B*fly

*Directeur*
**David Setrouk**

*Propriétaire*
**Raymond Visan**

49-51, avenue George-V | 75008 Paris

*Métro George V*

Tél : 01 53 67 84 60 | Fax : 01 53 67 84 67

bfly@wanadoo.fr

**Formule :** déjeuner 24 € (boissons incluses)

**A la carte :** 25 - 31 €

Dans son décor moderne façon New York, l'ancien dépôt des messageries de la presse parisienne reste un lieu à la mode, très show-biz, à la fois restaurant et point de rendez-vous. On se retrouve devant le bar aux courbes sinueuses pour un verre ou autour d'une table pour déguster une cuisine qui trouve son inspiration dans les saveurs du monde.

This building that used to be a depot for the Paris newspapers, with its modern New York-style interior, is today a fashionable, showbusiness venue that is both restaurant and meeting place. Friends meet for a drink at the meandering bar or around a table for a meal featuring flavors from all over the world.

*Déjeuner : lundi au vendredi*
*Dîner : ouvert tous les soirs*

*Lunch : monday to friday*
*Dinner : open every night*

*Fun & trendy*

# Barrio Latino

*Directeur*
Francis Champagne

*Propriétaire*
Raymond Visan

46, rue du Faubourg Saint-Antoine | 75012 Paris

*Métro Bastille*

Tél : 01 55 78 84 75 | Fax : 01 55 78 85 30

**Menu :** déjeuner 18,50 €

○ Près de l'Opéra Bastille, François Wapler a tiré un magnifique parti de cet immense espace à l'ambiance rythmique : le restaurant au premier étage, un bar cubain au deuxième niveau et un bar VIP au dernier étage où vous n'entrerez qu'avec une clef personnelle. Les couleurs sont riches, chaleureuses. D'immenses lustres mettent en valeur les meubles anciens. Pour un cocktail, un repas, c'est l'un des endroits les plus courus du quartier.

✸ François Wapler has made splendid use of this huge space with its rhythmic atmosphere near the Opéra Bastille: the restaurant on the first floor, a Cuban bar on the second, and a VIP bar on the last floor, open only to members with personal keys. The colors are rich and warm; enormous chandeliers illuminate the antique furniture. For drinks or for a meal, this has become one of the most popular meeting places in the neighbourhood.

*Déjeuner : ouvert tous les jours*
*Dîner : ouvert tous les soirs*

*Lunch : open everyday*
*Dinner : open every night*

*Fun & trendy*

# Bon 2

*Chef*
David Houley

*Directeur*
Boris Terdjman

 2, rue du Quatre-Septembre | 75002 Paris

Métro Bourse

Tél : 01 44 55 51 55 | Fax : 01 44 55 00 77

**Menu :** dîner 28 €

**A la carte :** 35 - 40 €

Le duo Laurent Taïeb / Philippe Starck a décliné le concept d'un restaurant intemporel et confortable, cette fois dans le quartier des affaires, en face de la Bourse. A la chaleur du bois et du cuir se mêle la modernité d'un bandeau électronique qui court sur 22 mètres, affichant cotations du CAC 40 et citations du jour. La cuisine reprend une coloration «brasserie chic» adaptée à toute occasion : déjeuner, dîner, sortie de théâtre.

*Déjeuner : ouvert tous les jours*
*Dîner : ouvert tous les soirs*

The duo Laurent Taïeb / Philippe Starck declined the concept of a timeless and comfortable restaurant, this time in the business district, across from the stock exchange. The warmth of wood and leather blends with the modernity of an electronic belt that runs 22 meters in lengh, showing quotations of the CAC 40 and the day's stock quote. The cuisine takes on «chic brasserie» flavors suitable for any occasion : lunch, dinner, before or after a show.

*Lunch : open everyday*
*Dinner : open every night*

*Fun & trendy*

# Buddha Bar

Kasuto et Vicky-Fan Mastsusaka

*Propriétaire*
Raymond Visan

8, rue Boissy-d'Anglas | 75008 Paris

*Métro Concorde*

Tél : 01 53 05 90 00 | Fax : 01 53 05 90 09

buddha.bar@buddha-bar.fr | www.buddha-bar.com

**Menu :** déjeuner 32 €

**A la carte :** 46 €

Depuis son ouverture, l'endroit est un «must», pour l'excellente cuisine qu'on y sert, mais aussi pour son étonnant décor : un immense sous-sol aménagé dans les communs des anciens Hôtels de Gabriel. L'accès au Nirvana emprunte le chemin des saveurs mêlées d'exotisme et de modernité de la cuisine nippo-californienne. On y rencontre le Tout-Paris de la mode et du show-biz.

The Buddha Bar has been a 'must' address for jetsetters ever since it opened. Its dining room spreads out over a vast 700 square meters of basement space. 'Beautiful people' from high society and the show-biz world seek out pure bliss in dishes proffering the exotic flavors and cutting-edge techniques of Californian-Japanese cuisine, served under the watchful eye of an enormous Buddha. Come fashionably late for a glimpse of the stars "à table"!

*Déjeuner : lundi au vendredi*
*Dîner : ouvert tous les soirs*

*Lunch : monday to friday*
*Dinner : open every night*

*Fun & trendy*

# Le Café Beaubourg

*Chef*
**Christophe Martinez**

*Directeur*
**Arthur Lemaire**

 100, rue Saint-Martin | 75004 Paris

Métro Les Halles ou Châtelet ou Rambuteau

 Tél : 01 48 87 63 96 | Fax : 01 48 87 81 25

cafe.beaubourg@free.fr

**A la carte :** 34 €

Ce café branché, l'un des premiers de la saga «Costes», à Paris, est installé sur la place du Centre Pompidou où se trouvent les plus belles collections d'art moderne de la capitale. Animé du petit déjeuner à l'après-théâtre, c'est un grand vaisseau au décor contemporain où sont alliées élégance et décontraction. On se plaît à goûter, ici, à une cuisine classique à tonalité moderne. Tous les jours, le brunch à toute heure a beaucoup de succès.

This offbeat cafe, one of the first in the "Costes saga", is right next to the Centre Pompidou that hosts one of the finest modern art collections in Paris. Its modern decor that combines elegance with informality bustles from breakfast time to late evening when the theatregoers make their entrance. Patrons enjoy here conventional cuisine with modern overtones. Brunch any day and at any time is particularly popular.

*Déjeuner :* ouvert tous les jours
*Dîner :* ouvert tous les soirs

*Lunch :* open everyday
*Dinner :* open every night

*Fun & trendy*

# Café Brassac

*Chef*
Sylvain Bachet

*Directeur*
Grégory Gennerat

37, avenue Kléber | 75016 Paris

*Métro Kléber ou Boissière*

Tél : 01 45 53 21 63 | Fax : 01 45 53 37 41

**Menu :** dîner (entrée-plat-dessert-café) 26 €

**A la carte :** 32 €

Entre l'Étoile et le Trocadéro, sur la très belle avenue Kléber, ce café new-look possède un charme contemporain avec son mobilier rouge et brun, très confortable, et son bar en laque rouge. L'ambiance est lumineuse le jour, tamisée le soir. Aux beaux jours, la vaste terrasse vous accueille pour un café ou un repas en toute simplicité. Le lieu est à la fois paisible et animé, la cuisine moderne et le service rapide.

Between L'Etoile and the Trocadéro, on the beautiful avenue Kléber, this café boasts a contemporary charm with comfortable red and brown furniture and a red lacquer bar. The lightening is luminous during the day and dimmed in the evenings. Under sunny weather, the vast terrace welcomes you to savor a coffee or a simple, smart meal. This place is calm yet lively, the cuisine is modern and service is quick.

*Déjeuner :* lundi au samedi
*Dîner :* lundi au samedi

*Lunch :* monday to saturday
*Dinner :* monday to saturday

*Fun & trendy*

# Café La Jatte

*Chef*
Michel Tirel

*Propriétaire*
Luc Peyronnel

60, boulevard Vital-Bouhot | 92200 Neuilly-sur-Seine

*Métro Pont de Levallois*

Tél : 01 47 45 04 20 | Fax : 01 47 45 19 32

cafejatte@club-internet.fr | www.cafelajatte.com

**Brunch :** à partir de 25 € (uniquement le dimanche)

**A la carte :** 34 €

 A cinq minutes de l'Etoile (en voiture) et cinq minutes du métro Pont de Levallois (à pied), le Café la Jatte est le rendez-vous préféré des vedettes de la publicité, du cinéma et de la presse. Un dinosaure de 20 mètres danse au-dessus de vos têtes. Nouvelle terrasse chauffée en hiver entourée de jardins et, luxe rare à Paris, un parking souterrain. Cuisine de tendance actuelle et avant tout carte des vins d'une exceptionnelle intelligence.

 Five minutes from the Place de l'Etoile (driving) and five minutes from the metro station Pont de Levallois (walking), the Café la Jatte is a favorite meeting place for stars of advertising, cinema and the press. A 20-meter long dinosaur dances above your head. A new terrace heated in winter, surrounded by gardens and, a rare luxury in Paris, an underground parking garage. Original and modern cuisine and exceptionally intelligent wine menu.

*Déjeuner : ouvert tous les jours*
*Dîner : ouvert tous les soirs*

*Lunch : open everyday*
*Dinner : open every night*

# Café Marly

*Chef*
William Grivet

*Managers*
Julien Peret,
Sébastien Custey

Cour Napoléon - 93, rue de Rivoli | 75001 Paris

*Métro Palais Royal - Musée du Louvre*

Tél : 01 49 26 06 60 | Fax : 01 49 26 07 06

s.a.marly@wanadoo.fr

**A la carte :** 50 €

Mode ou hors mode, très parisienne assurément, cette brasserie mi-moderne mi-Napoléon III bénéficie d'une vue exceptionnelle sur la Pyramide du Louvre. Mannequins, journalistes, stylistes et autres viennent s'installer devant les boiseries classées pour voir et être vu. Et aussi pour une cuisine qui ne manque pas de caractère, avec des plats sans esbrouffe et joliment travaillés.

In fashion and certainly very Parisian, this halfmodern, half-Napoleon III era «brasserie» enjoys an exceptional view of the Louvre Pyramid. Models, journalists, fashion designers and others, in short, the Paris jet set, come here and sit among the listed wood paneling to see and be seen. And also to enjoy the cuisine, which is attractive and full of character, but without being pretentious.

*Déjeuner : ouvert tous les jours*
*Dîner : ouvert tous les soirs*

*Lunch : open everyday*
*Dinner : open every night*

*Fun & trendy*

# La Cantine du Faubourg

*Directrice*
Marie-Laure Rougier

*Directeur général*
Gérald Adenis

105, rue du Faubourg Saint-Honoré | 75008 Paris

*Métro Saint-Philippe-du-Roule*

Tél : 01 42 56 22 22 | Fax : 01 42 56 35 71

resa@lacantine.com | www.lacantine.com

**Formule "Club" au déjeuner :** 45 € (vin compris)

**A la carte :** 52 €

Une nouvelle adresse branchée à la fois restaurant, bar, lounge et club. On pourrait presque ajouter cinéma et galerie d'art tant sont marquants les écrans panoramiques où sont projetées des œuvres d'artistes contemporains. Un décor signé Pira, sculpteur d'espaces où la lumière est reine et le son, roi. Service jusqu'à 1h du matin, musique jusqu'à 4h. Possibilité de réserver la "table d'hôte" puis de se faire servir par les cuisiniers.

A new stylish address, combining restaurant, bar, lounge and club. One could almost add cinema and art gallery to the list so outstanding the panoramic screens onto which are projected contemporary works of art are. The decor is by Pira, a conceptual artist and sculptor of space where lighting is queen and sound is king. Service until one 1am, music until 4am. You can book the "table d'hôte" and be served by the team of Chefs.

*Déjeuner : lundi au vendredi*
*Dîner : ouvert tous les soirs*

*Lunch : monday to friday*
*Dinner : open every night*

*Fun & trendy*

# China Club

*Chef*
Chang Kwong-Man

*Directeur*
Saya
Pravongviengkham

50, rue de Charenton | 75012 Paris

Métro Ledru-Rollin

Tél : 01 43 43 82 02 | Fax : 01 43 43 79 85

www.chinaclub.cc

**Menu :** dîner 28 €

**A la carte :** 33 €

Sur le principe des clubs asiatiques de l'époque coloniale dans un style des années 30, trois espaces confortables et dépaysants : le restaurant cantonnais au rez-de-chaussée, le fumoir à l'étage (salon cosy où l'on peut aussi dîner) et au sous-sol, le Sing Song, bar à cocktails et salle de concert, ouvert le week-end. La cuisine chinoise combine tradition et originalité.

Travel back in time to the Colonial period and enjoy the otherworld comfort of a 1930's far-eastern club, its Cantonese restaurant on the first floor, the cozy smoking lounge upstairs, where you can also dine and the basement Sing Song cocktail bar and concert hall, open on weekends. Traditional and innovative Chinese cuisine.

*Dîner : ouvert tous les soirs*

*Dinner : open every night*

Depuis 1849, Excellence et Indépendanc

*Fun & trendy*

# Djoon

*Chef*
Philippe Lamarque

*Propriétaire*
Afshin Assadian

22, boulevard Vincent Auriol | 75013 Paris

*Métro Quai de la gare*

Tél : 01 45 70 83 49 | Fax : 01 45 70 83 57

www.djoon.fr

**Menus :** déjeuner 15,90 € - dîner 30 €

**A la carte :** 37 €

Djoon signifie "vie" en ancien perse. Évoquant l'esprit du loft, Djoon combine un grand espace épuré agencé sur deux niveaux, des volumes impressionnants, une lumière naturelle filtrant à travers les larges baies vitrées et une architecture audacieuse jouant avec des matériaux bruts et une élégante perspective. Et lorsque l'on aperçoit le métro aérien à travers les baies vitrées, New-York ne semble soudain pas si lointain.

Djoon means life in ancient Persian. Reminiscent of a rooftop apartment, Djoon combines a large streamlined area on two levels, impressive spaces, natural light filtering through large picture windows and daring architecture that plays with raw materials and refined perspective. And when you see the metro winding its way above the streets, New York suddenly doesn't seem too far away.

*Déjeuner : lundi au vendredi*
*Dîner : lundi au samedi*

*Lunch : monday to friday*
*Dinner : monday to saturday*

*Fun & trendy*

# Le Duplex

*Chef*
Serge Lefoul

*Directeur*
Youcef Bennadja

 2 bis, avenue Foch | 75016 Paris

 *Métro Charles de Gaulle Etoile*

 Tél : 01 45 00 45 00 | Fax : 01 45 00 45 24

 commercial@duplex.fr | www.leduplex.fr

**A la carte :** 42 € • **Menus :** du mardi au jeudi 39 € - du vendredi au samedi 45 € (apéritifs, vin, eau et entrée en discothèque inclus)

La réputation de la célèbre discothèque n'est plus à faire. Plus discret, son restaurant vous accueillera dans son décor cosy où s'illustrent de superbes fauteuils Chesterfield au milieu de masques Arts Premiers. Sa carte originale vous fera découvrir une savoureuse cuisine gastronomique. L'accès de la discothèque aux trois ambiances musicales est offert aux clients du restaurant.

The reputation of the famous nightclub doesn't need publicity anymore. More discreet, its restaurant will welcome you in its cozy decor, with beautiful Chesterfield armchairs and a collection of Primitive Art Masks. You'll discover on its original menu an excellent gastronomy. Access to the nightclub with three different musical floors is complimentary to the restaurant clientele.

*Dîner : mardi au samedi*

*Dinner : tuesday to saturday*

*Fun & trendy*

# Etienne-Marcel

*Chef*
Xavier Etchebès

*Directrice*
Nora Mahdjoub

34, rue Étienne Marcel | 75002 Paris

*Métro Étienne Marcel*

Tél : 01 45 08 01 03 | Fax : 01 42 36 03 44

**A la carte :** 30 €

⬤ Dans ce quartier à la mode, chic et unique, Étienne-Marcel est une nouvelle enseigne des frères Costes. Les fauteuils en plastique blanc moulés recouverts de cuir donnent le ton au resto-bar, entre les années 70 et l'art contemporain. Le décor est signé M&M, Philippe Parreno, Pierre Huyghe et Anna Léna Vaney.

✹ In this fashionable area, fun and trendy, Étienne-Marcel is the Costes brothers' new venture. The white plastic chairs with their leather upholstery turn this place into a bar-restaurant styled with 70's decorum and totally original piece of art blending effortlessly. Decor created by M & M, Philippe Parreno, Pierre Huyghe and Anna Léna Vaney.

*Déjeuner : ouvert tous les jours*
*Dîner : ouvert tous les soirs*

*Lunch : open everyday*
*Dinner : open every night*

145

*Fun & trendy*

# Le Flandrin

*Chef*
Olivier Denis

*Directeur*
Jean-luc Jeanne

 80, avenue Henri-Martin | 75016 Paris

Métro Rue de la Pompe

Tél : 01 45 04 34 69 | Fax : 01 45 04 67 41

**A la carte :** 38 €

Devant les frondaisons, cet ancien buffet d'une gare du chemin de fer de la petite ceinture fait florès chaque jour que Dieu fait. Dans la salle en arc de cercle, style Art Déco, le 16ème arrondissement et bien au-delà vient en rangs serrés pour tâter la cuisine d'Olivier Denis, un ancien de chez Alain Passard. Les vins viennent intelligemment accompagner le tout. Une brasserie chic à fréquenter d'urgence.

This thriving establishment housed in a former beltway train station boasts magnificent arch-in-circle architecture and a handsome Art Deco decor. Its ultra-fresh raw bar and Olivier Denis's market inspired cuisine have made it a fast favorite with everyone who's anyone in the 16th district and well beyond! Marvel at this former Alain Passard disciple's cooking, and quench your thirst from the intelligently compiled wine list.

*Déjeuner : ouvert tous les jours*
*Dîner : ouvert tous les soirs*

*Lunch : open everyday*
*Dinner : open every night*

*Fun & trendy*

# Le Fumoir

*Chef*
Henrik Andersson

Sophie Aibar,
Wannig Barazer

6, rue de l'Amiral Coligny │ 75001 Paris

*Métro Louvre-Rivoli*

Tél : 01 42 92 00 24 │ Fax : 01 42 92 05 05

www.lefumoir.com

**Brunch :** 20 € (uniquement le dimanche)

**Menus :** déjeuner 17,50 € - dîner 27,60 € • **À la carte :** 39 €

 Restaurant, bar à cocktails et bibliothèque : un espace chic et calme derrière le Louvre, inspiré des cafés littéraires du début du XXème siècle en Europe du Nord. Carrefour des voyageurs, on y vient lire des revues internationales, échanger ses livres ou jouer au go. Le restaurant, animé à l'avant, très calme au fond, propose des saveurs simples et légères.

Restaurant, cocktail bar and library in smart and quiet premises behind the Louvre, in the style of the north European literary cafes of the early 1900's. A place where travelers converge to read the international press, swap books or play Go. The restaurant is lively at the front, but much quieter at the back.

*Déjeuner :* ouvert tous les jours
*Dîner :* ouvert tous les soirs

*Lunch :* open everyday
*Dinner :* open every night

*Fun & trendy*

# Harold

*Chef*
Manuel Alfonso
*Directeur*
Jean-Paul Bercovitz

*Propriétaire*
Harold Sacreste

 48, rue de Prony | 75017 Paris

 *Métro Wagram*

Tél : 01 47 63 96 96 | Fax : 01 47 63 96 97

**Formule déjeuner :** entrée+plat ou plat+dessert = 19,50 €

**A la carte :** 35 €

Décontracté au déjeuner, plus sophistiqué le soir, ce confortable restaurant à la décoration originale est un des lieux apprécié de ce quartier proche du Parc Monceau. On se sent bien dans le décor chaleureux, gris et rouge, chic et mode avec ses lustres baroques pourpre, ses panneaux signés Hippolyte Romain, son ambiance qui, animée sans excès, laisse place à la conversation. Les plats sont généreux et le service souriant très professionnel.

Informal at lunch, more sophisticated in the evening, this comfortable restaurant with its unusual decoration is one of the popular venues in the area near the Parc Monceau. The warm grey and red decor, both smart and fashionable, with the stylish purple baroque lights and the Hippolyte Romain visuals, contribute to a pleasant sense of well-being. The atmosphere is discreetely lively, leaving nevertheless plenty of scope for conversation.

*Déjeuner :* ouvert tous les jours
*Dîner :* ouvert tous les soirs

*Lunch :* open everyday
*Dinner :* open every night

*Fun & trendy*

# Kong

*Chef*
Richard Pommies

*Directeur*
Gérald Collet

1, rue du Pont-Neuf | 75001 Paris

*Métro Pont-Neuf*

Tél : 01 40 39 09 00 | Fax : 01 40 39 09 10

**Happy Hours :** tous les jours de 18h à 20h

**A la carte :** 40 €

Ultramoderne, aux deux derniers étages du siège de Kenzo, face au Pont Neuf, un restaurant en plein ciel avec vue sur la Seine. Le décor est signé Philippe Starck, la carte Fumiko Kono. A mi-chemin entre Paris et Tokyo, cohabitent une moquette de galets, un escalier fluo, des fauteuils Louis XV et des écrans plasma. C'est à la fois très parisien, luxueux et accessible à tous. Le programme musical est proposé par Béatrice Ardisson.

Ultramodern, on the last two floors of Kenzo's main office, in front of the Pont Neuf, a restaurant in the sky with a view of the Seine. The decor is signed Philippe Starck, the menu Fumiko Kono. Halfway between Paris and Tokyo, you'll be surrounded by Louis XV armchairs, plasma screens, a fluorescent staircase and a carpet of pebbles. It is very Parisian, luxurious and accessible at the same time to all.

*Déjeuner :* ouvert tous les jours
*Dîner :* ouvert tous les soirs

*Lunch :* open everyday
*Dinner :* open every night

*Fun & trendy*

# Lô Sushi Champs-Elysées

*Chef*
Maître Gaza

*Directeur*
Tony Rodrigues

 8, rue de Berri | 75008 Paris

 *Métro George V*

Tél : 01 45 62 01 00 | Fax : 01 45 62 01 10

**Assiettes :** 2,50 - 5,50 - 9 € (service continu de midi à minuit)

Vous connaissez le principe des «kaïten-sushis»? Les sushis défilent sur un tapis roulant et chacun se sert à sa guise, la facture étant établie à la fin à partir du code couleur des assiettes. Venez découvrir dans ce lieu sobre, décoré par Andrée Putman, l'un des plus longs tapis roulants du genre (42m). Ambiance immatérielle et cuisine ouverte. Sur les écrans plasma, défilent les bandes annonces et les horaires des films projetés sur les Champs-Elysées.

You know the principle of "kaïten-sushis"? Sushis scroll by on a conveyer belt and everyone helps themselves, the check being established at the end from the color-coded trays. One of the longest conveyer belts of its kind (42m) is in Paris, right next to Champs-Elysées: Lô Sushi, a futuristic place decorated by Andrée Putman. Immaterial atmosphere, open kitchen, video clips on walls: a new way of dining.

*Déjeuner : ouvert tous les jours*
*Dîner : ouvert tous les soirs*

*Lunch : open everyday*
*Dinner : open every night*

*Fun & trendy*

# Lô Sushi Pont-Neuf

*Chef*
Maître Quan

*Directrice*
Jessica Jugé

 1, rue du Pont-Neuf | 75001 Paris

Métro Pont-Neuf

Tél : 01 42 33 09 09 | Fax : 01 42 33 09 20

**Assiettes :** 2,50 - 5 - 7,50 € (service continu de midi à minuit)

Au sous-sol de l'immeuble Kenzo, une cantine japonaise ultramoderne conçue par Andrée Putman. Comme dans les sushibars traditionnels, les spécialités nippones circulent sur un tapis roulant. La nouveauté du lieu, c'est que chaque table est équipée d'un ordinateur à écran tactile non seulement pour surfer sur le Net gratuitement, mais aussi pour envoyer un message aux autres convives de la salle.

In the basement of the Pont Neuf building, an ultra-modern Japanese canteen, conceived by Andrée Putman. As in the traditional sushi bars, the Japanese specialities circulate on a conveyer belt. The novelty about this place is that every table is equipped with a computer with a touchsensitive screen, not only to surf on the Net free of charge, but also to send a message to the other dinner guests of the room.

*Déjeuner : ouvert tous les jours*
*Dîner : ouvert tous les soirs*

*Lunch : open everyday*
*Dinner : open every night*

*Fun & trendy*

# Le Man Ray

*Chefs*
Jérémie Normand,
Marc Marchand

*Directeur*
Thierry Kléméniuk

34, rue Marbeuf | 75008 Paris

Métro Franklin D. Roosevelt

Tél : 01 56 88 36 36 | Fax : 01 42 25 36 36

contact@manray.fr | www.manray.info

**Menus** : 27 - 35 € (sauf vendredi et samedi après 20h45)

**A la carte** : 55 €

A deux pas des Champs Elysées, le Man Ray est devenu le carrefour d'une population branchée venue de tous les univers artistiques et du monde des affaires et la réputation de ses soirées n'est plus à faire. Connu jusqu'ici pour son côté "roi de la nuit", il nous propose cette année, avec l'arrivée de Jérémie Normand et Marc Marchand (ex-chef étoilé du Meurice) une carte toute en finesse.

Just steps away from the Champs Elysées, the Man Ray has become the dining "hot spot" for international artists and elite businessmen and has already been acknowledged as "King of the Night". Newly installed, Jérémie Normand and Marc Marchand (ex star Chef of Le Meurice) offer you exquisitely fine cuisine in a fashionable style.

*Dîner : ouvert tous les soirs*

*Dinner : open every night*

*Fun & trendy*

# Le Murat

*Chef*
Philippe Quemard

*Directeur*
Fabrice Kraak

1, boulevard Murat | 75016 Paris

*Métro Porte d'Auteuil*

Tél : 01 46 51 33 17 | Fax : 01 46 51 88 54

**A la carte :** 45 €

Dans la création de lieux à la mode, le duo amical Jean-Louis Costes et Raphaël de Montrémy confirme son talent. La carte annonce des plats sympathiques et colorés où la saison domine. Les prix sont serrés et les vins bien choisis. Le public du grand XVIème et de Boulogne ne s'y est pas trompé. La salle s'est aussitôt remplie d'une clientèle dans le vent qui apprécie aussi bien l'ambiance que la table.

Two friends, Jean-Louis Costes and Raphaël de Montrémy, have once more confirmed their talent for creating fashionable places. The pleasant and colorful menu reflects the season in progress. Prices are pared down, and the wines well chosen. The place was an immediate success with a clientele that enjoys the atmosphere as much as the fine cooking.

*Déjeuner : ouvert tous les jours*
*Dîner : ouvert tous les soirs*

*Lunch : open everyday*
*Dinner : open every night*

*Fun & trendy*

# Natacha

*Chef*
Alain Cirelli

Nathalia

17 bis, rue Campagne Première | 75014 PARIS

*Métro Raspail*

Tél : 01 43 20 79 27 | Fax : 01 43 22 93 97

restaurantnatacha@wanadoo.fr

**A la carte :** 35 €

C'est à Alain Cirelli que la célèbre Natacha a fait confiance pour reprendre ce restaurant mythique de la rue Campagne Première, rendez-vous incontournable des stars de la mode et du cinéma. Depuis qu'Alain est aux fourneaux, on croise de nouveau Liv Tyler, Giorgio Armani, Kevin Spacy, Roman Polanski et bien d'autres gourmets, qui viennent pour la cuisine goûteuse et conviviale, ainsi que pour l'ambiance chaleureuse.

It is Alain Cirelli that famous Natacha relied on to take over this mythical restaurant on the Rue Campagne Première, an inescapable "rendez-vous" for fashion and cinema stars. Since Alain has taken over the helm, it is possible again to bump into Liv Tyler, Giorgio Armani, Kevin Spacy, Roman Polanski and many other gourmets who come for the scrumptious cooking served in a warm, festive atmosphere.

*Déjeuner : mardi au samedi*
*Dîner : mardi au samedi*

*Lunch : tuesday to saturday*
*Dinner : tuesday to saturday*

*Fun & trendy*

# Le Petit Poucet

*Chef*
Gilles Cendres

*Responsable*
Jean-Louis Colin

4, rond-point Claude Monet | 92300 Levallois-Perret

*Métro Pont de Levallois*

Tél : 01 47 38 61 85 | Fax : 01 47 38 20 49

www.le-petitpoucet.net

**Menus :** déjeuner 19 - 27 € - dîner 27 €

**À la carte :** 38 €

⚪ Sur la bucolique Ile de la Jatte, à deux pas de Paris, cette grande bâtisse en bois de type californien s'ouvre sur la Seine avec de multiples terrasses pleines de charme. La cuisine elle aussi mérite le détour avec une partition qui joue la carte des produits frais issus du marché.

✳ On the Ile de La Jatte, with its countryside atmosphere and fresh air, only a stone's throw from Paris, this large Californian-style wooden building facing the Seine welcomes you with its charming terraces. You'll enjoy thouroughly the Chef's repertoire - with produce fresh from the market.

*Déjeuner : ouvert tous les jours*
*Dîner : ouvert tous les soirs*

*Lunch : open everyday*
*Dinner : open every night*

*Fun & trendy*

# Quai Ouest

*Chef*
Jean-Yves Guichard

*Propriétaires*
René Pourcheresse,
Eric Wapler

1200, quai Marcel Dassault | 92210 Saint-Cloud

*Tramway (T2) Les Milons*

Tél : 01 46 02 35 54 | Fax : 01 46 02 33 02

qo@wanadoo.fr

**Menu :** déjeuner 18 €

**A la carte :** 34 €

Avec la Seine à vos pieds, le ballet des péniches et des skieurs nautiques, la belle et grande salle dans son écrin façon loft californien et la cuisine qui sait intelligemment marier les plats dans l'air du temps, vous passez là un joli moment de fête et de gourmandise. C'est un public chamarré, dans le genre décontracté-chic, qui vient expérimenter la carte. Le dimanche, menus enfants, animation, clown (réservation indispensable).

This fabulous California style loft dining room offers diners a panoramic view of barges and water skiers navigating the Seine. It draws in a casually elegant crowd intent on taking in this water ballet as they enjoy intelligently-elaborated contemporary culinary offerings. The whole experience is cause for celebration, and the generous Sunday brunch, clowns and animation make for a joyful day with children (reservations required).

*Déjeuner : ouvert tous les jours*
*Dîner : ouvert tous les soirs*

*Lunch : open everyday*
*Dinner : open every night*

*Fun & trendy*

# Le Réservoir

*Chef*
Mickaël Groussard

*Propriétaire*
Mary de Vivo

 16, rue de la Forge Royale | 75011 Paris

❄ *Métro Ledru-Rollin*

🎵 Tél : 01 43 56 39 60 | Fax : 01 43 56 31 73

lereservoir@wanadoo.fr | www.reservoirclub.com

**Jazz brunch** (le dimanche)

**A la carte : 30 €**

🌑 Le succès des premiers mois s'est confirmé et le Réservoir ne désemplit pas depuis sa création. L'ambiance joue un rôle éminent et les tentures, sculptures et luminaires insolites sont de véritables personnages de ce lieu multiple (bar, club et restaurant). Le programme musical est attrayant et la cuisine intéressante. La carte change à chaque saison. Ouvert le soir à partir de 20h jusqu'à tard dans la nuit. Brunch et ambiance musicale le dimanche.

✳ This bar-club-restaurant started off with a bang, and has been going strong for seven years now. While the offbeat decor and music have certainly contributed to the establishment's success, the food is delicious and well worth mentioning too. Try the crispy hot goat's cheese appetizer drizzled in honey, scallops in orange butter, jumbo shrimp, and remarkable tiramisu. Open for dinner at 8:00 pm until late into the night. Brunch on Sundays.

*Dîner : mardi au samedi*

*Dinner : tuesday to saturday*

*Fun & trendy*

# River Café

*Chef*
Christophe Ferreira

*Directeur*
Brice Nice

 146, quai de Stalingrad | 92130 Issy-les-Moulineaux

 *Tramway (T2) ou RER Issy-Val de Seine*

 Tél : 01 40 93 50 20 | Fax : 01 41 46 19 45

 www.lerivercafe.net

**Menus carte :** 26 € (2 plats au choix) - 31 € (3 plats au choix)

**Brunch :** 30 - 32 €

A quelques minutes de la Tour Eiffel, cette grande péniche a un charme fou aux beaux jours quand les baies vitrées sont grandes ouvertes sur la verdure. En hiver, une belle cheminée avec un vrai feu - c'est plutôt rare sur un bateau - attire une clientèle en quête de chaleureuse compagnie. La cuisine est au diapason, moderne, séduisante avec une pointe de soleil. Le tout s'accompagne d'une carte de vins des plus inventives.

A few minutes from the Eiffel Tower, this great barge is exceedingly charming on fine days when the picture windows are opened wide onto the greenery. In winter, a beautiful and functionning fireplace, a fairly rare occurrence on a boat, attracts customers who are in search of warm and friendly company. The cuisine is in tune with its surroundings, modern, attractive, with a touch of sunshine. It all comes together along with a creative wine list.

*Déjeuner : dimanche au vendredi*
*Dîner : ouvert tous les soirs*

*Lunch : sunday to friday*
*Dinner : open every night*

*Fun & trendy*

# Sumai's Café

*Chef*
Éric Danel

*Propriétaire*
Sumai N'Guyen

33, rue de Vaugirard | 75006 Paris

*Métro Saint-Sulpice*

Tél : 01 42 22 39 00 | Fax : 01 42 22 33 00

www.sumaiscafe.fr

**Brunch** : le dimanche

**A la carte :** déjeuner 20 € - dîner 40 €

Un loft de 400 m2 de bois noir et de cuir crème, entre Saint-Germain et le Luxembourg, avec une bambouseraie sous 10 mètres de plafond, ça existe ? Oui, chez Sumai. Cette dynamique Vietnamienne s'est adjoint les talents du Chef Éric Danel, ancien bras droit de Guy Savoy, pour concocter une carte franco-astiatique très contemporaine : carpaccio d'espadon à la papaye verte, canard laqué au coco, macaron chocolat-lavande... Ambiance cosy chic, à la fois classe, sobre et moderne.

Between Saint-Germain and the Jardins du Luxembourg, there is a huge 10 meters high-ceilinged room, decorated with black-wood paneling, cream-colored leather and a real-life bamboo grove : Sumai's. This energetic Vietnamese lady hired the talents of Chef Eric Danel, previously Guy Savoy's right-hand man, to put together a very modern Franco-Asian menu. Cosy, smart atmosphere, both classy and contemporary.

*Déjeuner : mardi au vendredi*
*Dîner : mardi au samedi*

*Lunch : tuesday to friday*
*Dinner : tuesday to saturday*

*Fun & trendy*

# Tanjia

*Manager*
Stéphane Zana

*Directeur*
Frédéric Pedrono

23, rue de Ponthieu | 75008 Paris

*Métro Franklin Roosevelt ou George V*

Tél : 01 42 25 95 00 | Fax : 01 42 25 95 02

**Formules déjeuner :** 22 - 27 €

**A la carte :** 50 €

○ Très confortable et élégant, c'est un grand espace au cœur des Champs Elysées dont la décoration rappelle les années cinquante et le monde du cinéma, évoqué par des photos d'artistes de l'époque. Dans l'ambiance calme d'un grand lieu, on y vient en confiance, goûter à une cuisine contrôlée, comme les vins, par le Beth-Din de Paris. D'inspiration maritime, japonaise ou orientale, elle effleure avec succès la gastronomie française. Le service est charmant, actif et compétent.

This grand room at the heart of the Champs Elysées is comfortable and refined. Its decoration recalls the fifties and the cinema, with photos of stars from the era. In the serene atmosphere of this great venue, patrons know they can trustinghly enjoy a cuisine and wines supervised by the Paris Beth-Din. Maritime, Japanese or oriental in inspiration this cuisine flirts attractively with French gastronomy. The service is charming, active and effective.

*Déjeuner : dimanche au vendredi*
*Dîner : samedi au jeudi*

*Lunch : sunday to friday*
*Dinner : saturday to thursday*

*Fun & trendy*

# Tokyo Eat

*Chef*
Thierry Bassard

*Directeur-associé*
Claudio Episcopo

Palais de Tokyo | 13, avenue du Président Wilson | 75016 Paris

*Métro Iéna ou Alma-Marceau*

Tél : 01 47 20 00 29 | Fax : 01 47 20 05 62

claudio.episcopo@wanadoo.fr | www.palaisdetokyo.com

**Menu déjeuner :** entrée 7 € - plat 12 € - dessert 7 €

**A la carte :** 35 €

Attention, rien de japonais à Tokyo Eat ! C'est tout simplement le nouveau restaurant du Palais de Tokyo, résolument tourné vers l'art contemporain : lampes-bulles géantes avec sono incorporée, tables inspirées des Ejectables du peintre Ivan Fayard, grande cuisine 100% inox ouverte sur la salle, toilettes du monde à visiter à un ou à plusieurs... Côté carte, des innovations heureuses avec un Chef qui «roule» français et qui sait sortir des sentiers battus !

Nothing Japanese in Tokyo Eat : it is simply the new restaurant of the Palais de Tokyo turned towards contemporary art : huge bubble lamps, with incorporated on sound system, tables inspired by painter Ivan Fayard's Ejectables, a large 100% stainless steel kitchen opens up onto the room, the toilets are "a must visit" for one or more than one Menu with clever innovations from a chef so very French and who nevertheless knows how to be truly original!

*Déjeuner : mardi au dimanche*
*Dîner : mardi au dimanche*

*Lunch : tuesday to sunday*
*Dinner : tuesday to sunday*

*Fun & trendy*

# Zebra Square

*Chef*
Fabrice Fourrier

*Propriétaire*
Patrick Derderian

 3, place Clément-Ader | 75016 Paris

 *RER Avenue du Président Kennedy - Radio-France*

 Tél : 01 44 14 91 91 | Fax : 01 45 27 18 34

paris@zebrasquare.com | www.zebrasquare.com

**Menu :** déjeuner 22 € - **Brunch :** 24 - 28 € (le dimanche)

**A la carte :** 38 €

Une architecture futuriste, un service souriant, un décor qui est plébiscité par le public voisin de la Maison de la Radio, mais aussi par tous ceux qui vivent avec leur temps, aimant les choses qui bougent et les ambiances décontractées. Entre lounge-club et brasserie-restaurant, ce lieu est griffé Patrick Derderian. La cuisine lui ressemble, ludique et ciselée sur le mode frais, sachant faire plaisir.

Futuristic architecture, smiling service, a decor that woos and wows the clientele from the neighboring Maison de la Radio and lots of other people on the move and in tune with the times, thoroughly appreciative of relaxed atmospheres. This establishment is a cross between a lounge-club and a brasserie and bears the unmistakable imprint of owner Patrick Derderian. The cuisine is just like him: it's fun loving and refreshing.

*Déjeuner :* ouvert tous les jours
*Dîner :* ouvert tous les soirs

*Lunch :* open everyday
*Dinner :* open every night

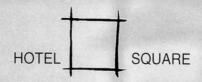

HOTEL SQUARE

EBRA SQUARE CAFE & RESTAURANT / GARAGE PRIVE
CCES PRIVILEGIE AU CENTRE DE FITNESS
ALERIE ET SALONS / LOUNGE-BAR / ROOM SERVICE

3, RUE DE BOULAINVILLIERS 75016 PARIS
TEL 33/ 014 414 9190 FAX 33/ 014 414 9199

# Bistrots

## Bistrots

de 30 à 45€
*(Prix sans vin, taxes incluses)*

Réservations
Reservations

Salon privé
Private room

Service voiturier
Valet parking

Air conditionné
Air conditioning

Cravate souhaitée
Jacket or tie required

Terrasse
Outdoor dining

Cave exceptionnelle
Exceptional wine cellar

Vue exceptionnelle
Exceptional view

Ambiance musicale
Musical ambience

*Bistrot*

# Allard

*Chef*
Didier Remay

*Directeur*
Claude Layrac

| | |
|---|---|
| 🚇 | 1, rue de l'Eperon \| 75006 Paris |
| ❄ | *Métro Odéon* |
| 🍷 | Tél : 01 43 26 48 23 \| Fax : 01 46 33 04 02 |

**Menus :** déjeuner 23 € - dîner 30 €

**A la carte :** 40 €

⬤ Dans ce très bon et très typique bistrot parisien, le souvenir de «Fernande» a été pieusement conservé. Claude Layrac n'a rien changé au décor désuet, façon monument de l'art bistrotier, avec zinc, carrelage et petites salles intimistes, ni à la cuisine qui continue de valoriser la grande tradition ménagère.

✹ This legendary Parisian bistrot has been taken over by Claude Layrac, a top-notch professional, owner of other highly successful establishments located between Saint-Michel and Saint-Germain-des-Prés. The dining room has a wonderful 50's-60's retro feel about it and the fare is exceedingly tasty. A deliciously moving experience !

*Déjeuner : lundi au samedi*
*Dîner : lundi au samedi*

**Lunch :** *monday to saturday*
**Dinner :** *monday to saturday*

*Bistrot*

# Le Bélisaire

*Chef*
Thierry Duchassaing

*Chef-propriétaire*
Mathieu Garrel

2, rue Marmontel | 75015 Paris

*Métro Convention ou Vaugirard*

Tél : 01 48 28 62 24 - Fax : 01 48 28 62 24

**Menu :** découverte 35 € • **Formule :** déjeuner 18 €

**Menu carte :** entrée+plat+dessert = 28,20 €

○ Cet authentique bistrot du coin cache un vrai cuisinier qui aime, avec une bonne humeur sans égale, à faire partager ses passions : la cuisine et le vin. La cuisine, il l'a pratiquée longtemps auprès du grand Chef qu'est Gérard Besson. Les vins, il les cherche et les goûte avant de les partager avec une clientèle d'habitués et de chercheurs de hauts-lieux de plaisir gastronomique au meilleur rapport qualité-prix.

✺ This discreet and authentic bistrot boasts a Chef who joyfully aspires to share with you both of his passions: food and wine. He mastered his skills in cuisine under the guidance of the great Chef Gérard Besson for many years. As for wines, he handpicks and gives them first hand approval before sharing them with his customers in search of high quality gastronomy pleasure. Exceptional value for your money.

*Déjeuner : lundi au vendredi*
*Dîner : lundi au samedi*

*Lunch : monday to friday*
*Dinner : monday to saturday*

*Bistrot*

# Bistrot de l'Etoile Lauriston

*Chef*
Christophe Lacombe

*Directrice*
Maria Lacombe

 19, rue Lauriston | 75016 Paris

 *Métro Charles de Gaulle Etoile*

 Tél : 01 40 67 11 16 | Fax : 01 45 00 99 87

 lebistrotdeleteile@wanadoo.fr

**Menus :** entrée+plat ou plat+dessert = 21 € • entrée+plat+dessert = 26 €

- Dégustation : 47 € • **A la carte :** 32 - 38 €

Le bon rapport qualité-prix-plaisir, c'est ici que vous le trouverez, dans ce bistrot d'ambiance au décor de bois et de métal, animé par Christophe Lacombe, en Chef de cuisine et Maria Lacombe, en directrice de salle, complices de toujours de Guy Savoy. Des produits frais évidemment, des classiques de la cuisine comme des nouveautés glanées au fil du marché.

Here, in this pleasant bistrot decorated in wood and metal, run by Guy Savoy's old partners Christophe Lacombe and Maria Lacombe, you will find really good value for your money in terms both of quality and sheer pleasure. The food ? Fresh ingredients and classic cuisine as well as novelties inspired by the day's market.

*Déjeuner :* lundi au vendredi
*Dîner :* lundi au samedi

*Lunch :* monday to friday
*Dinner :* monday to saturday

*Bistrot*

# Le Bistrot Papillon

*Chef-propriétaire*
Jean-Yves Guion

*Co-propriétaire*
Evelyne Guion

🏛 6, rue Papillon │ 75009 Paris

◎ *Métro Cadet*

❋ Tél : 01 47 70 90 03 │ Fax : 01 48 24 05 59

**Menu :** 27 €

**A la carte :** 40 €

⦿ Dans cette partie du 9ème arrondissement, les hôtels sont nombreux et les étrangers qui découvrent ce bistrot raffiné de style 1900, ses tables élégamment dressées, son ambiance conviviale et la fine cuisine du patron, qui prépare l'un des meilleurs foies gras de la capitale, y reviennent volontiers. Le sourire de la patronne, la compétence du service polyglotte et la vraie salle non fumeur, ajoutent au plaisir du lieu. La cave est riche et bonne.

✳ In this part of the 9th arrondissement, there are many hotels and their foreign patrons, who know this refined 1900's style bistrot with its prettily laid tables, friendly atmosphere and subtle cuisine, come back often. The owner cooks one of the best foie gras in Paris. His wife's smile, the skilled multilingual service and a no-smoking room that is really respected, add to the joy of this venue. The cellar is richly appointed and delicious.

*Déjeuner : lundi au vendredi*
*Dîner : lundi au samedi*

*Lunch : monday to friday*
*Dinner : monday to saturday*

*Bistrot*

# Les Bistrots d'à Côté

*Chef*
Emmanuel Timal

*Directeur*
Claude Legall

 10, rue Gustave Flaubert | 75017 Paris | *Métro Ternes*

 16, avenue de Villiers | 75017 Paris | *Métro Villiers*

 Tél : 01 42 67 05 81 | Tél. : 01 47 63 25 61

bistrot@michelrostang.com | www.michelrostang.com

**Menus (Flaubert) :** déjeuner 29 € - dîner 45 €

**Menu carte (Villiers) :** 1 entrée + 1 plat + 1 dessert = 40 €

Quinze ans déjà que Michel Rostang attire le Tout-Paris qui aime les bonnes nourritures. Son décor, avec une collection impressionnante et rare de petits fourneaux tous en état de marche est un must. Les raisons du succès ? Des produits toujours impeccables, des cuissons au plus juste et des saveurs sur le mode rustique qui s'expriment sans fards et possèdent fraîcheur et malice gourmandes.

For ten years now, Michel Rostang's 17th arrondissement bistrot has been a "must" with Paris' fashionable food lovers. Its décor of turn-of-the-century curios, is eye-catching, to say the least. What accounts for their continued success? Consistently impeccable ingredients and on-the-mark preparation, all fresh from the market, dazzle even the most jaded palette.

*Déjeuner (Villiers) : lundi au vendredi*
*Dîner (Villiers) : lundi au samedi*

*Lunch (Villiers) : monday to friday*
*Dinner (Villiers) : monday to saturday*

170

*Bistrot*

# La Bonne Franquette

*Chef*
Dominique Eme

*Directeur*
Patrick Fracheboud

Angle 2, rue des Saules - 18, rue Saint-Rustique | 75018 Paris

*Métro Lamarck-Caulaincourt*

Tél : 01 42 52 02 42 | Fax : 01 42 52 14 85

paris@labonnefranquette.com | www.labonnefranquette.com

**Menu :** déjeuner 22 €

**A la carte :** 33 €

« Aimer, manger, boire et chanter », telle est la devise peinte à l'entrée de cette auberge typique du Montmartre du XIXe siècle. Vous retrouverez le souvenir de Cézanne, Van Gogh, Monet et Zola, qui la fréquentaient, au milieu de fresques et à l'ombre d'un jardin privé peint par Van Gogh. Tous les soirs, une animation musicale vient teinter d'une joyeuse convivialité. Une Ambiance festive garantie : pensez à réserver !

« Aimer, manger, boire et chanter » (Love, eat, drink and sing) is the invitation painted above this traditional 19th century Montmartre inn. Amidst the frescoes and in the shade of a private garden painted by Van Gogh, you will mingle with the ghosts of Cezanne, Van Gogh, Monet and Zola, who all came here. Every evening, live music adds a hint of happy conviviality to your onion soup, your leg of duck in orange sauce and the chocolate iced truffle. Don't forget to reserve !

*Déjeuner :* ouvert tous les jours
*Dîner :* ouvert tous les soirs

*Lunch :* open everyday
*Dinner :* open every night

*Bistrot*

# Chardenoux

*Chef*
Robert Chassat

*Propriétaire*
Philippe Roche

1, rue Jules Vallès | 75011 Paris

Métro Charonne ou Faidherbe-Chaligny

Tél : 01 43 71 49 52

**A la carte :** 40 €

 Il faut découvrir ce bijou créé à l'aube du XXe siècle qui a retrouvé ses couleurs d'origine : plafonds nuagés, corniches ouvragées, verres gravés, sol en céramique et, surtout, l'exceptionnel bar en marqueterie de marbre. Dans ce bistrot-musée, classé aux monuments historiques, tout respire le bon goût et la douceur de vivre : la cuisine française, la sélection des vins, le pain de tradition, l'adorable service. La carte change tous les jours.

 You have to go and see this jewel, built at the beginning of the 20th century and restored to its former beauty: clouds on the ceilings, contemporary decorative cornices, engraved glasses, period ceramic floor tiles, not to mention the remarkable marble marquetry bar. In this listed bistrot-museum, you literally bathe in good taste and fine living: French cuisine, excellent wines, traditional bread, engaging service. The menu changes daily.

*Déjeuner :* ouvert tous les jours
*Dîner :* ouvert tous les soirs

*Lunch :* open everyday
*Dinner :* open every night

*Bistrot*

# Aux Charpentiers

*Chef-propriétaire*
Pierre Bardèche

*Co-propriétaire*
Colette Bardèche

🏠 10, rue Mabillon | 75006 Paris

🚇 *Métro Saint-Germain-des-Prés*

Tél : 01 43 26 30 05 | Fax : 01 46 33 07 98

auxcharpentiers@wanadoo.fr

**Menus :** déjeuner : 19 € (vin inclus sauf le week-end) - dîner 26 €

**A la carte :** 32 - 34 €

⭕ Un grand bistrot début de siècle, dans un décor qui ne manque pas de patine. Ce sont les éditeurs du quartier, les étudiants, les hommes politiques qui comptent, les amateurs de tête de veau et de viandes du Limousin label-lisées qui se retroussent les manches et se touchent les coudes dans ce petit antre où l'ambiance est, comme la cuisine, haute en couleurs et en saveurs.

✳️ The decor of this grand turn-of-the-century bistrot is visibly devoted to the works of the carpenters' guild, located nearby. People from the near-by publishing houses, savvy students and calf's head connoisseurs (a specialty here) gather in to rub elbows. The atmosphere, as colorful and flavorful as the food, adds to Aux Charpentiers down home appeal.

*Déjeuner : ouvert tous les jours*
*Dîner : ouvert tous les soirs*

*Lunch : open everyday*
*Dinner : open every night*

*Bistrot*

# Chez Fernand

*Chefs*
Rémi Lebon,
Guillaume Godon

*Propriétaire*
Jean-Luc Roulière

*Directeur*
Jean-Paul Morice

 9, rue Christine | 13, rue Guisarde | 75006 Paris

*Métro Odéon | Métro Saint-Sulpice ou Mabillon*

Tél : 01 43 25 18 55 | Tél : 01 43 54 61 47

**A la carte :** 30 €

A quelques minutes du célèbre rendez-vous de la rue Guisarde, au cœur du 6ᵉ historique, l'enjoué Jean-Luc Roulière a ouvert un nouveau comptoir de son « Fernand ». C'est un air typiquement parisien qui se joue ici : décor de bistrot chaleureux et chic, cuisine du marché qui fait d'abord la part belle au bon produit (les Saint Jacques sont d'Erquy, les viandes du Limousin et les volailles des Landes !), carte des vins astucieuse, service pro et attentif.

A few minutes from his famous establishment in Rue Guisarde, fun-loving Jean-Luc Roulière has opened another Chez Fernand in the heart of the historical 6th Paris district. This one is typically Parisian in style with its smart, cozy bistrot decor and its cuisine that relies on excellent produce from the local market (Erquy scallops, best Limousin beef and chicken from the Landes!), a well-chosen wine list and conscientious professional service.

*Déjeuner : ouvert tous les jours*
*Dîner : ouvert tous les soirs*

*Lunch : open everyday*
*Dinner : open every night*

*Bistrot*

# Chez Maître Paul

*Propriétaire*
an-François Debert

*Maître d'hôtel*
Michel Aurier

12, rue Monsieur le Prince | 75006 Paris

Métro Odéon

Tél : 01 43 54 74 59 | Fax : 01 43 54 43 74

**Menus :** 35 € (avec 1/2 bouteille de vin) - 29 €

**A la carte :** 42 €

Non loin de Saint-Germain des Prés, proche du Théâtre de l'Odéon, et du Jardin du Luxembourg, dans le quartier des grands éditeurs cette sobre salle à manger aux grands miroirs et boiseries, décorée de tableaux contemporains, est reposante. Des hors-d'œuvre aux desserts, la cuisine de Franche-Comté triomphe dans la saveur authentique de produits et des vins issus d'une région où la table est un mouvement du cœur.

You will find this restful, dining room with its large mirrors and and its contemporary paintings in Saint-Germain des Prés near the Théâtre de l'Odéon and the Jardin du Luxembourg in the quarter of the great publishing houses. Cuisine from the Franche-Comté region triumphs here from starters to desserts, through the genuine flavours of the dishes and the wines, because eating in this region is always an affair of the heart.

*Déjeuner : ouvert tous les jours*
*Dîner : ouvert tous les soirs*

*Lunch : open everyday*
*Dinner : open every night*

*Bistrot*

# L'Évasion

*Chef*
Christophe Cavallo

*Propriétaire*
Laurent Brenta

 7, place Saint-Augustin | 75008 Paris

*Métro Saint-Augustin*

Tél : 01 45 22 66 20

**Menus :** dîner 30 € - samedi (déjeuner et dîner) 30 €

**A la carte :** 45 €

Dans ce confortable bistrot typique, d'immenses ardoises mettent en évidence une partie de la très intéressante cave de 300 références, dont la sélection a été effectuée dans le monde entier avec le célèbre caviste Marc Sibart. Vingt d'entre elles sont servies au verre, ce qu'apprécie la clientèle d'affaires et les fidèles amateurs des mariages parfaits avec les plats d'une carte qui change tous les jours en fonction du marché.

In this typical Parisian bistrot, you will enjoy a wine cellar with 300 world references selected by wine connoisseur Marc Sibart, twenty of which are available by the glass. Couples and business professionals alike come to experience a menu that changes everyday, depending on the market's premier selections.

*Déjeuner : lundi au samedi*
*Dîner : lundi au samedi*

*Lunch : monday to saturday*
*Dinner : monday to saturday*

*Bistrot*

# La Gauloise

*Chef*
Serge Polito

*Propriétaire*
Bernadette Bénézet

🏛 59, avenue de la Motte-Picquet | 75015 Paris

⬛ *Métro La Motte-Picquet Grenelle*

✳ Tél : 01 47 34 11 64 | Fax : 01 40 61 09 70

🏛 **A la carte :** 40 €

🔵 Près de l'École Militaire et de la Tour Eiffel, cette élégante brasserie-bistrot centenaire est la cantine du Tout-Paris de la politique, des affaires et du monde du sport. En témoignent les photographies qui tapissent les murs au-dessus des banquettes de velours. Serge Polito, un ancien de chez Guy Savoy maintient le répertoire classique de la bonne cuisine traditionnelle française. On y apprécie le service, le décor, la table, l'ambiance.

✳ Near the Ecole Militaire and the Tour Eiffel, this elegant hundred-year-old brasserie-bistrot is a regular port of call for the Paris elite from the worlds of politics, business and sports; proof of which are the walls plastered with photographs above the velvet seats. Serge Polito, formerly at Guy Savoy, continues to offer the classic repertoire of good French cuisine. The service, decor, food and ambience are all very enjoyable.

*Déjeuner : ouvert tous les jours*
*Dîner : ouvert tous les soirs*

*Lunch : open everyday*
*Dinner : open every night*

*Bistrot*

# Au Général La Fayette

*Chef*
Franck Marchand

*Directeur*
Christophe Hirel

 52, rue La Fayette | 75009 Paris

 *Métro Cadet ou Le Peletier*

Tél : 01 47 70 59 08 | Fax : 01 47 98 34 13

**A la carte :** 22 €

Un beau décor à l'ancienne pomponné de frais, dans l'esprit début de siècle, avec miroirs encadrés de bois, plafonds en lacets, appliques murales et grand bar avec sa douzaine de bières tirées à la pression, voilà déjà de quoi saliver dans ce lieu de vie où l'on vénère la dive mousse. On y trouve aussi de bons vins de propriétés soigneusement choisis, la cuisine du marché, de solides plats flairant bon le terroir et des desserts fins et gourmands.

You'll marvel at this establishment's lovingly maintained turn-of-the-century decor, replete with wood-framed mirrors, wall sconces and a huge bar with a dozen different beers on tap. The thoroughly enticing atmosphere is rounded off, on the food and beverage front, with no less than 100 bottled beers from around the world. Add to it good wines of carefully chosen proprieties, fresh seasonal produce, robust dishes and fine gourmet desserts.

*Déjeuner : ouvert tous les jours*
*Dîner : ouvert tous les soirs*

*Lunch : open everyday*
*Dinner : open every night*

*Bistrot*

# La Guinguette de Neuilly

*Chef*
Christophe Rabault

*Directrice*
Rossella Duhamel

 12, boulevard Georges Seurat | 92200 Neuilly-Sur-Seine

❄ *Métro Pont de Levallois*

🌐 Tél : 01 46 24 25 04 | Fax : 01 47 22 03 36

🎵 www.laguinguette.net

**A la carte :** 28 €

🟠 Une île sur la Seine... L'endroit tout en verdure, entretient la tradition des bons bistrots d'humeur joyeuse. Hiver comme été, les terrasses sur l'eau ou dans la végétation font vivre un moment insolite. Dans la petite salle décorée de rames et de petits poissons, le couvert est dressé sur des nappes à carreaux rouges et blancs. En toute simplicité, le répertoire «canaille» s'égrène.

✳ An island on the Seine river, surrounded by greenery, where the tradition of good, fun-loving bistrots is perpetuated. In winter, as in summer, the terraces on the water's edge and in the greenery recreate the atmosphere of an inn. In the little dining room decorated with oars and small fish, places are set on red and white checked tablecloths. Quality wines.

*Déjeuner :* ouvert tous les jours
*Dîner :* ouvert tous les soirs

*Lunch :* open everyday
*Dinner :* open every night

*Bistrot*

# Je Thé...me

*Co-propriétaire*
Jacky Larsonneur

*Co-propriétaire*
France Larsonneur

 4, rue d'Alleray | 75015 Paris

 *Métro Vaugirard*

 Tél : 01 48 42 48 30 | Fax : 01 48 42 70 66

 **Formules :** entrée+plat ou plat+dessert = 23 € (déjeuner)

 entrée+plat+dessert = 33 € (déjeuner et dîner)

Le restaurant est installé dans une ancienne épicerie fine qui a gardé son charme 1900, ses boiseries et son dallage d'autrefois. Le décor est composé de faïences de cuisine anciennes, de toutes sortes d'objets qui évoquent l'intimité d'une maison et de bonnes bouteilles. L'ambiance est chaleureuse et douce. Ici, la sincérité est de mise, et la cuisine sans frime de Jacky Larsonneur a du caractère. Tout est fait maison de la charcuterie au pain.

The restaurant is housed in an old grocer's shop and retains its 1900's charm with its paneling and floor tiles from yesteryear. The interior is decorated with old kitchen wall tiles, all sorts of homely artefacts and some fine bottles. The atmosphere is cozy and mellow. Here, sincerity is what it's all about and Jacky Larsonneur's no non-sense cuisine has plenty of character. Everything is home-made from the charcuterie to the bread.

*Déjeuner :* mardi au samedi
*Dîner :* mardi au samedi

*Lunch :* tuesday to saturday
*Dinner :* tuesday to saturday

*Bistrot*

# Le Clou

*Chef-propriétaire*
Christian Leclou

*Maître d'hôtel*
Isabelle Lamare

 132, rue Cardinet | 75017 Paris

*Métro Malesherbes ou Villiers*

Tél : 01 42 27 36 78 | Fax : 01 42 27 89 96

le.clou@wanadoo.fr | www.restaurant-leclou.fr

**Menus :** déjeuner 20,50 € - dîner 30 €

**A la carte :** 40 €

Le poitevin Christian Leclou a fait de ce bistrot moderne un rendez-vous de gourmets. Au déjeuner, l'ardoise donne la mesure d'une carte qui présente un large répertoire de bons petits plats de saison selon le marché. Large choix de petits vins et de très grands crus à prix modiques.

From the Poitou region of France, Christian Leclou came to transform this modern bistrot into a meeting place for the gourmets. At lunch, the slate board offers you a seasonal menu with a repertoire of varied small dishes. Wide choice of local wines and vintage wines at reasonable prices to perfectly accompany your meal.

*Déjeuner : lundi au vendredi*
*Dîner : lundi au samedi*

*Lunch : monday to friday*
*Dinner : monday to saturday*

*Bistrot*

# La Marlotte

*Chef*
Patrick Duclos

*Propriétaire*
Eric Roset

 55, rue du Cherche-Midi | 75006 Paris

 *Métro Sèvres-Babylone*

 Tél : 01 45 48 86 79 | Fax : 01 45 44 34 80

 info@lamarlotte.com | www.lamarlotte.com

**A la carte :** 60 €

Un public de fervents habitués, l'intelligentsia de l'édition, de la politique et de la presse, est au rendez-vous de ce joyeux bistrot rustico-bourgeois. Pour une cuisine généreuse qui joue volontiers la carte de la mer et du terroir. L'accueil opère avec un charme enjôleur. Une table d'où l'on sort toujours heureux.

Its devoted regulars - intellectuals, publishers, politicians and journalists - all meet in this merry rustic-bourgeois watering hole, for a generous cuisine which happily juggles dishes from the sea and the earth. The waitress service is bewitching. A meal that always leaves you content.

*Déjeuner : lundi au samedi*
*Dîner : lundi au samedi*

*Lunch : monday to saturday*
*Dinner : monday to saturday*

*Bistrot*

# Marmite et Cassolette

*Chef-propriétaire*
Christian Noël

*Responsable de salle*
Virginie

157, boulevard du Montparnasse ou 112, rue Notre-Dame-des-Champs | 75006 Paris

*Métro Vavin*

Tél : 01 43 26 26 53 | Fax : 01 43 26 43 40

**Formules :** entrée+plat ou plat+dessert = 15,50 €

entrée+plat+dessert = 19,50 € • **À la carte :** 29 - 35 €

Non loin de l'Observatoire et des Jardins du Luxembourg, cette maison respire le plaisir de vivre. Le sourire de Candide et le charme de Virginie éclairent cette salle à manger joyeuse aux tables confortables, où l'on déguste la cuisine du Chef, inspirée par les terroirs de la France profonde, au fil des jours.

Not far from the Observatoire and the Jardins du Luxembourg, this restaurant radiates with the pleasures of the good life. Candide's smile and Virginie's charm brighten up the merry dining room with its comfortable tables, where you can enjoy the Chef's cuisine, inspired by the produce of rural France.

*Déjeuner : lundi au vendredi*
*Dîner : lundi au samedi*

*Lunch : monday to friday*
*Dinner : monday to saturday*

*Bistrot*

# Le Mesturet

*Chef*
Pascal Brot

*Propriétaire*
Alain Fontaine

 77, rue de Richelieu | 75002 Paris

 *Métro Bourse ou Quatre septembre*

 Tél : 01 42 97 40 68 | Fax : 01 42 97 40 68

**Formules :** entrée + plat ou plat + dessert = 19 €

entrée + plat + dessert = 25 €

🌐 Dans le triangle Bourse - avenue de l'Opéra - Palais Royal, ce bistrot typiquement parisien est animé d'une joyeuse ambiance. Un grand bar traditionnel signale que dès le petit déjeuner à 9h du matin et jusqu'à 22h15, le service va bon train. La décoration des salles du restaurant rappelle que le vin a ici une place prépondérante. Une ardoise présente les vins du mois et la carte des vins indique une recherche qui mène jusqu'à l'étranger.

✳️ In the Bourse, Opéra and Palais Royal triangle, this typical Parisian bistrot is animated with a joyful atmosphere. Meals are served at the large, traditional bar from breakfast at 9am to diner at 10pm. The decor itself is a constant reminder of wine's preponderancy in this establishment, with bottles boastfully displayed on the walls and a cosmopolitan wine list.

*Déjeuner : lundi au vendredi*
*Dîner : lundi au samedi*

*Lunch : monday to friday*
*Dinner : monday to saturday*

*Bistrot*

# Les Noces de Jeannette

*Chef*
Dominique Eme

*Directeur*
Patrick Fracheboud

Angle 14, rue Favart - 9, rue d'Amboise | 75002 Paris

*Métro Richelieu-Drouot*

Tél : 01 42 96 36 89 | Fax : 01 47 03 97 31

paris@lesnocesdejeannette.com | www.lesnocesdejeannette.com

**A la carte :** 30 €

A deux pas de l'Opéra et des Grands Magasins, un restaurant centenaire porte le nom d'un célèbre opéra comique. Le décor en garde le souvenir : affiches d'opérette et de films des années 30-50 donnent le ton. En bas, l'ambiance chaleureuse des bistrots parisiens. A l'étage, trois salons privés de style haussmannien pour toutes vos réceptions. On y déguste de savoureux plats classiques.

This hundred-year-old restaurant, just a short walk from the Opera and the great department stores, is named after a well-known comic opera. The scene is set with a souvenir décor that features posters from operettas and 1930's to 50's films. A cosy Parisian bistrot atmosphere reigns below, while upstairs it offers three private room in the Haussmannian style for all types of receptions.

*Déjeuner : ouvert tous les jours*
*Dîner : ouvert tous les soirs*

*Lunch : open everyday*
*Dinner : open every night*

*Bistrot*

# L'Opportun

*Chef-propriétaire*
Serge Alzérat

*Directeur*
Sébastien Fonters

 62, boulevard Edgar Quinet | 75014 Paris

 *Métro Edgar Quinet*

Tél : 01 43 20 26 89 | Fax : 01 43 21 61 88

lopportun@wanadoo.fr

**A la carte :** 35 €

Tout proche de la Gare Montparnasse, ce lieu au décor 1900 est un phare de la bonne humeur. L'imposant et sympathique Serge Alzerat prescrit à des clients consentants des plats colorés issus du terroir français, servis de façon opulente. Spécialisé dans le Beaujolais au point d'avoir avec humour intitulé son restaurant Centre de beaujolothérapie, le patron sélectionne ses vins chez des vignerons de qualité.

Near the Gare Montparnasse, this place is like a joyful treasure cove. Its imposing and cheerful Chef, Serge Alzerat offers his customers very colorful dishes from French regional traditions, generously served. A specialist of the Beaujolais region, he also chooses his wines from the best vineyards. This restaurant, decorated in the style of 1900, is for hearty eaters who will appreciate this very enjoyable and tempting menu.

*Déjeuner : lundi au samedi*
*Dîner : lundi au samedi*

*Lunch : monday to saturday*
*Dinner : monday to saturday*

*Bistrot*

# Le Pataquès

*Chef*
Mauro Carmelo

*Directeur*
Gilles Benvenuti

 40, boulevard de Bercy | 75012 Paris

*Métro Bercy*

Tél : 01 43 07 37 75 | Fax : 01 43 07 36 64

pataquesbercy@aol.com

**À la carte :** 28 €

À deux pas du Palais Omnisport de Bercy, le Pataquès est une enclave provençale à Paris, mais une Provence inventive et surprenante. En apéritif, un choix de boissons introuvables ailleurs dans la capitale. Le menu-carte, aussi fourni que les assiettes sont copieuses, continue dans l'originalité.

A stone's throw from the Palais Omnisport de Bercy, the Pataquès is Provence in Paris, and an inventive and surprising Provence too. For your aperitif, choose a drink found nowhere else in the region. The menu, as extensive as the dishes are plentiful, is equally original.

*Déjeuner :* lundi au samedi
*Dîner :* lundi au samedi

**Lunch :** monday to saturday
**Dinner :** monday to saturday

*Bistrot*

# Le Petit Marguery

*Chef-propriétaire*
Christian Bisch

*Directeur-propriétaire*
François Sullam

 9, boulevard de Port-Royal | 75013 Paris

 *Métro Gobelins*

Tél : 01 43 31 58 59 | Fax : 01 43 36 73 34

marguery@wanadoo.fr | www.petitmarguery.fr

**Menus :** 25,20 € - 33,60 €

 Dans les années 1920, c'était une chaîne. Aujourd'hui, le Petit Marguery du 13ème est le seul à avoir conservé l'esprit bistrot d'origine, à l'accueil irréprochable. Au menu, une cuisine gourmande où tout est fait maison, du foie gras aux douceurs offertes avec le café. Ne ratez pas l'époustouflant soufflé au Grand Marnier. Une adresse d'une qualité rare, citée dans les guides de tous les pays.

What used to be a whole chain of cafés in the 1920's is now solely represented by the Petit Marguery in the 13th arrondissement, the last to maintain the original bistrot spirit with its impeccable hospitality. Tasty home-made dishes, and flavoured foie gras with the coffee courtesy of the management. Don't miss the amazing Grand Marnier soufflé. Rare quality that features in the guides of most countries.

*Déjeuner : mardi au samedi*
*Dîner : mardi au samedi*

*Lunch : tuesday to saturday*
*Dinner : tuesday to saturday*

*Bistrot*

# Le Petit Pontoise

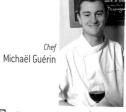

*Chef*
Michaël Guérin

*Chef-propriétaire*
Philippe Tondetta

| | |
|---|---|
| 9, rue de Pontoise | 75005 Paris |
| *Métro Maubert Mutualité* | |
| Tél : 01 43 29 25 20 | Fax : 01 43 54 50 26 |
| **A la carte :** 38 € | |

 Au Petit Pontoise, le terroir se pare d'atours simples mais raffinés grâce à la touche de créativité de ces anciens de grandes maisons. La petite salle de trente-deux couverts refuse du monde tous les soirs ; on y mange coude à coude avec des curieux ou des habitués, venus déguster là, en plus d'une cuisine de haute volée, une atmosphère de convivialité. Carte fournie, accueil inégalable.

At the Petit Pontoise, the food is decorated simply, but with elegance, thanks to the creative touch of these veterans of great restaurants. You sit shoulder-to-shoulder with newcomers and regulars, who have come to enjoy, in addition to the top-flight cuisine, a friendly atmosphere. Extensive menu, incomparable welcome. Reservations are strongly suggested.

*Déjeuner :* ouvert tous les jours
*Dîner :* ouvert tous les soirs

*Lunch :* open everyday
*Dinner :* open every night

*Bistrot*

# Au Petit Riche

*Chef*
Michel Douche

*Directeur*
Gilles Breuil

25, rue Le Peletier | 75009 Paris

*Métro Richelieu-Drouot*

Tél : 01 47 70 68 68 | Fax : 01 48 24 10 79

aupetitriche@wanadoo.fr | www.aupetitriche.com

**Menus :** 22,50 - 25,50 - 28,50 €

**A la carte :** 35 - 40 €

Mistinguette fit la fête dans ce décor daté 1880, de glaces, de lambris, de barres de cuivre et de banquettes rouges. Aujourd'hui, nul ne doute que l'actrice serait une fervente habituée. Il est vrai que la cave ligérienne (Val-de-Loire) est redevenue digne de ce nom, que l'accueil et le service sont désormais aussi professionnels qu'enjoués et que la cuisine a subi une bénéfique cure de rajeunissement.

Mistinguette partied in this 1880 decor replete with mirrors, wooden paneling, copper bars and red bench seats. The cellar is packed with fine wines from the Loire valley, the professionalism of the welcome and service are as professional as they are lively and the cuisine will delight your palate.

*Déjeuner : lundi au samedi*
*Dîner : lundi au samedi*

*Lunch : monday to saturday*
*Dinner : monday to saturday*

*Bistrot*

# Pharamond

*Chef-propriétaire*
Jean-Michel Cornut

*Co-propriétaire*
Josette Cornut

24, rue de la Grande Truanderie | 75001 Paris

*Métro Étienne Marcel*

Tél : 01 40 28 45 18 | Fax : 01 40 28 45 87

www.le-pharamond.com

**Menus :** déjeuner 14 - 35 €

**A la carte :** 30 - 35 €

 Dans le quartier du Forum des Halles, ce restaurant-bijou au décor de pâte de verre, grands miroirs et boiseries fut créé en 1832 et classé monument historique. Le Chef Jean-Michel Cornut soigne le choix des produits qu'il traite avec générosité. Le choix est grand entre les plats de tradition française. En salle, Josette Cornut apporte le sourire et l'efficacité nécessaire à un repas réussi.

In the Forum des Halles district, this gem of a restaurant with its molten glass decor, large mirrors and wood paneling was created in 1832 and is now listed as a historic monument. Chef Jean-Michel Cornut carefully selects the ingredients he uses, which he dispenses generously. There is a wide choice of traditional French dishes. Josette Cornut provides efficient service with a smile, ensuring that every meal is a success.

*Déjeuner : lundi au samedi*
*Dîner : lundi au samedi*

*Lunch : monday to saturday*
*Dinner : monday to saturday*

*Bistrot*

# P'tit Bouchon Gourmand

*Chef*
Christian Mimault

*Directeur*
Christian Portner

| | |
|---|---|
| 🏠 | 5, rue Troyon | 75017 Paris |
| 🚇 | *Métro Charles de Gaulle Etoile* |
| ☎ | Tél : 01 40 55 03 26 | Fax : 01 40 55 03 71 |
| ❄ | **Menus :** déjeuner et dîner 25 € |
| 🎵 | **A la carte :** 45 € |

🔵 Un service d'une rare attention et une aimable cuisine se cachent derrière cette large façade rouge vif, qui annonce à l'ancienne, et non sans humour, "maison sérieuse fondée en l'an 2000". Ce nouveau rendez-vous des célébrités rappel un décor de théâtre, animé de vieilles chansons françaises doucement diffusées. Christian Mimault, le Chef, est également traiteur et l'on peut emporter quelques-uns de ses petits plats.

✳ Good food and exceptionally attentive service are to be had behind the bright red facade of this place. In this new and comfortable gathering place of celebrities, decorated in red plush, like an old theatre, with soft background music playing French songs from the olden days. Christian Mimault, the Chef, is also a caterer, and some of his dishes can be purchased to take away. The wine list, while short, is nonetheless carefully chosen.

*Déjeuner : lundi au vendredi*
*Dîner : lundi au samedi*

*Lunch : monday to friday*
*Dinner : monday to saturday*

*Bistrot*

# Le Verre Bouteille

*Chef*
Olivier Adam

*Propriétaire*
Patrick Ameline

🏛 5, bd Gouvion-St-Cyr | 75017 Paris | *Métro Porte de Champerret*

🅲 85, avenue des Ternes | 75017 Paris | *Métro Porte Maillot*

❄ Tél : 01 47 63 39 99 | Tél : 01 45 74 01 02

ameline@leverrebouteille.com | www.leverrebouteille.com

**Menus :** déjeuner 14,50 - 20 - 25 € · dîner 20 - 25 €

**A la carte :** 26 €

⬤ Dans le décor années 40 de cet historique et ancien bar de nuit avec mille et un objets autour de l'univers du jeu, ce bistrot à étage joue la carte du beau produit à prix compté. La cave recèle aussi des crus choisis avec art. Le 85 avenue des Ternes sert 7 jours sur 7 jusqu'à 4h du matin.

✳ In the 1940's style of this historic former night bar, with its thousand and one gambling artefacts, the game is excellent bistrot produce at closely calculated prices. You can eat downstairs or upstairs and the cellar also contains skilfully chosen wines. At 85 avenue des Ternes, they serve every day until dawn.

*Déjeuner : lundi au vendredi*
*Dîner : lundi au vendredi*

*Lunch : monday to friday*
*Dinner : monday to friday*

# Brasseries

## Brasseries

de 35 à 50€
*(Prix sans vin, taxes incluses)*

Réservations
Reservations

Salon privé
Private room

Service voiturier
Valet parking

Air conditionné
Air conditioning

Cravate souhaitée
Jacket or tie required

Terrasse
Outdoor dining

Cave exceptionnelle
Exceptional wine cellar

Vue exceptionnelle
Exceptional view

Ambiance musicale
Musical ambience

*Brasserie*

# Le Ballon des Ternes

*Chef*
Christophe Brun

*Directeur*
Laurent Badin

103, avenue des Ternes | 75017 Paris

*Métro Porte Maillot*

Tél : 01 45 74 17 98 | Fax : 01 45 72 18 84

leballondesternes@fr.oleane.com

**A la carte :** 46 €

Une belle brasserie qui possède un air de Maxim's ludique, avec ses petites lampes et ses banquettes rouges, son plafond fixé sous verre et ses meubles champenois. Le décor ainsi planté, il ne reste plus qu'à déguster les superbes coquillages, crustacés et fruits de mer. Tout ce qui est proposé ici sert chaque jour avec un talent sans faille la gloire de la brasserie française.

This pretty turn-of-the-century brasserie has a light-hearted festive Maxim's feel about it with its small lamps, red couches, glass-covered ceiling and furniture from the region of Champagne. The setting is just right for tucking into superb seafood and shellfish. Le Ballon des Ternes pays tribute to the glory of the French brasserie on a daily basis – and as an added attraction, it's open late (till 4 pm) for lunch.

*Déjeuner :* ouvert tous les jours
*Dîner :* ouvert tous les soirs

*Lunch :* open everyday
*Dinner :* open every night

*Brasserie*

# Le Balzar

*Chef*
Christian René

*Directeur*
Daniel Gabillaud

49, rue des Ecoles | 75005 Paris

*Métro Cluny La Sorbonne ou Odéon*

Tél : 01 43 54 13 67 | Fax : 01 44 07 14 91

www.brasseriebalzar.com

**A la carte :** 32 - 38 €

🔵 A deux pas de la célèbre université de la Sorbonne, voici une brasserie emblématique où, dans un décor années 30, un public d'habitués du cinéma ainsi que des intellectuels discrets se régale toujours de la carte. L'ambiance feutrée reste la marque d'un endroit hors du temps.

❋ In this symbolic brasserie with a classic 30's decor, a crowd of regulars from the nearby prestigious Sorbonne sit beside folks from the movie business and low-profile intellectuals to savor eternal favorites. The cozy atmosphere is characteristic of a venue that is totally timeless.

*Déjeuner : ouvert tous les jours*
*Dîner : ouvert tous les soirs*

*Lunch : open everyday*
*Dinner : open every night*

*Brasserie*

*Directeur*
**Philippe Decourval**

# Le Bœuf sur le Toit

*Chef*
**Ming Wang**

---

🏢 34, rue du Colisée | 75008 Paris

🚗 *Métro Saint-Philippe-du-Roule*

💠 Tél : 01 53 93 65 55 | Fax : 01 53 96 02 32

❄️ www.boeufsurletoit.com

**Menus :** Express 24,50 € - Brasserie 34,50 €

**A la carte :** 34 - 43 €

---

🟢 Chaque jour que Dieu fait, ce «Bœuf» fait tourner les tables jusqu'à une heure avancée de la nuit. Vous patienterez au bar pour découvrir l'admirable décor façon trente et prendre vos marques sur une carte qui vante avec art un large choix de plats classiques et bien enlevés. Le banc de fruits de mer est d'une incomparable fraîcheur, les vins sont de qualité et le service est enjoué.

✳️ Jean Cocteau and the Group of Five, composers of the "Bœuf sur le Toit" pantomime ballet, symbol of the Roaring Twenties in France, gave this name to an American bar first located on the Rue Boissy d'Anglas. In 1928, the name was transferred to this Art Deco style restaurant where you'll savor a wide choice of classic dishes as well as top-notch seafood.

---

*Déjeuner : ouvert tous les jours*
*Dîner : ouvert tous les soirs*

*Lunch : open everyday*
*Dinner : open every night*

*Brasserie*

**Directeur**
Jean-Luc Blanlot

# Bofinger

*Chef*
Georges Belondrade

5, rue de la Bastille | 75004 Paris

*Métro Bastille*

Tél : 01 42 72 87 82 | Fax : 01 42 72 97 68

www.bofingerparis.com

**Menus :** Express 24,50 € - Brasserie 34,50

**A la carte :** 34 - 43 €

Un monument parisien historique et classé qui est daté du siècle dernier. Ses fresques, banquettes de moleskine, boiseries d'origine, marqueteries signées Panzani, les tableaux de Hansi au premier étage et la magnifique verrière a giorno du rez-de-chaussée livrent toujours une atmosphère unique et gaie. Les plats de brasserie pur jus, comme d'autres plus modernes sont de bons atouts.

There is no doubt this is one of Paris' prettiest turn-of-the-century restaurants, not far from the Bastille and its Opéra House, in a lively, young area. An elliptical glass ceiling, stained glass windows and warm, wood-paneled walls set the tone in the main dining room flanked by smaller side rooms with a more private, cozy feel about them. It's no wonder people flock here!

*Déjeuner : ouvert tous les jours*
*Dîner : ouvert tous les soirs*

*Lunch : open everyday*
*Dinner : open every night*

*Brasserie*

# Brasserie du Louvre

*Chef*
Roland Desbois

*Directeur*
Xavier Le Ru

 Hôtel du Louvre │ Place du Palais Royal │ 75001 Paris

 Métro Palais Royal - Musée du Louvre

 Tél : 01 42 96 27 98 │ Fax : 01 44 58 38 00

brasseriedulouvre@concorde-hotels.com │ www.concorde-hotels.com

**Menus :** déjeuner 28 € - dégustation 33 €

**A la carte :** 40 €

Située entre les jardins du Palais Royal et le musée du Louvre, dans l'hôtel du même nom, la Brasserie du Louvre offre une restauration traditionnelle. En plus de la carte classique panachant les produits du terroir, sont proposés un menu de saison et un menu fraîcheur, inventifs et légers, qui changent toutes les trois semaines. Une brasserie à découvrir par exemple en terrasse, ou encore lors d'un dîner tardif en sortant de la Comédie Française.

Between the Jardins du Palais Royal and the Musée du Louvre, the Brasserie du Louvre offers a traditional upscale restaurant. Besides the classic menu mixing the products from various regions, both a seasonal and a daily menu are offered ; they are creative and light and change every three weeks. A brasserie to be discovered on the terrace or still, for a late night supper after an outing at the theater.

*Déjeuner : ouvert tous les jours*
*Dîner : ouvert tous les soirs*

*Lunch : open everyday*
*Dinner : open every night*

*Brasserie*

# Brasserie Flo

*Chef*
Patrick Proenca

*Directeur*
Eric Giroud-Trouillet

63, rue du Faubourg Saint-Denis │ 75010 Paris

*Métro Château-d'Eau*

Tél : 01 47 70 13 59 │ Fax : 01 42 47 00 80

www.flobrasseries.com

**Menus :** Express 24,50 € · Brasserie 34,50 €

**À la carte :** 32 - 43 €

Située dans une petite cour donnant sur la rue du Faubourg Saint-Denis, cette taverne, connue au début du siècle sous le nom de Hans, est devenue célèbre après la première guerre mondiale, portant le diminutif du nom de son propriétaire, un certain Floderer, alsacien ayant refusé l'annexion de 1870. Elle devait connaître un succès jamais démenti et offre toujours la même qualité. Les vins sont bien choisis.

Located on a small courtyard off the Rue du Faubourg Saint-Denis, this tavern, dubbed 'Hans' around the turn of the century, rose to fame after World War I under the nickname of its owner, an Alsatian named Floderer who objected to the 1870 annexation. The brasserie has been thriving ever since, serving top-notch shellfish and seafood as well as expertly chosen wines. An absolute must among the memorable dining experiences in Paris.

*Déjeuner : ouvert tous les jours*
*Dîner : ouvert tous les soirs*

*Lunch : open everyday*
*Dinner : open every night*

*Brasserie*

# Brasserie Lutetia

*Chef*
**Philippe Renard**

*Directeur de la restauration*
**Stéphane Tournardre**

Hôtel Lutetia | 23, rue de Sèvres | 75006 Paris

*Métro Sèvres-Babylone*

Tél : 01 49 54 46 76 | Fax : 01 49 54 46 00

lutetia-paris@lutetia-paris.com | www.lutetia-paris.com

**Menus :** 2 plats = 31 € · 3 plats = 37 €

**A la carte :** 46 €

Décorée par Sonia Rykiel, la brasserie Lutetia est le rendez-vous privilégié de la clientèle Rive Gauche. Anonymes ou célébrités y partagent en toute convivialité une cuisine typiquement française imaginée par le Chef Philippe Renard, sans oublier sa spécialité : son superbe banc de fruits de mer.

With its interior designed by Sonia Rykiel, the Brasserie Lutetia is where the Left Bank set likes to meet. Famous names mingle with anonymous ones to enjoy a very French cuisine crafted by Chef Philippe Renard, not to mention the specialty, a superb array of seafood...

*Déjeuner : ouvert tous les jours*
*Dîner : ouvert tous les soirs*

*Lunch : open everyday*
*Dinner : open every night*

*Brasserie*

# Café Zimmer

*Chef*
Stéphane Graf

*Propriétaire*
Jean-Luc Gintrand

❄ 1, place du Châtelet | 75001 Paris

🏛 *Métro Châtelet*

🎵 Tél : 01 42 36 74 03 | Fax : 01 42 36 74 04

lezimmer@wanadoo.fr | www.lezimmer.com

**Formule :** entrée + plat 18,90 € **Menu enfants :** 8,40 €

**A la carte :** 33 €

🔵 Proche de l'Hôtel de Ville de Paris, mitoyenne du Châtelet, cette brasserie évoque l'histoire fastueuse du XIXème siècle. Le célèbre décorateur Jacques Garcia a rajeuni avec délicatesse le décor fleuri datant de 1896 en préservant son authenticité. Ce très beau café parisien est ouvert de 8h00 à 1h00 du matin, pour un café, un verre, un plat ou un repas à prix raisonnables, composé de très bonnes et copieuses spécialités françaises.

🔆 Next to the Hotel de Ville de Paris, in Châtelet, this brasserie evokes the magnificent history of the 19th century. Famous decorator Jacques Garcia has delicately refreshed the decor dated from 1896 while preserving its authenticity. This very beautiful Parisian café is open from 8 am until 1 am, for coffee, drinks, generous dishes of traditional French cuisine or a snack at reasonable prices.

*Déjeuner :* ouvert tous les jours
*Dîner :* ouvert tous les soirs

*Lunch :* open everyday
*Dinner :* open every night

*Brasserie*

# Le Castiglione

*Chef*
Michel Maldonaldo

*Propriétaire*
Dany Couet

📠 235, rue Saint-Honoré | 75001 Paris

🔲 *Métro Tuileries*

❄ Tél : 01 42 60 68 22 | Fax : 01 42 60 68 22

☂ **A la carte :** 25 €

◯ Le rez-de-chaussée, ouvert de 7 h à 23 h, est le rendez-vous des amateurs de petits déjeuners à la française, de repas rapide à toute heure du jour ou d'un dernier verre après le théâtre ou le cinéma. Au premier étage, dans une salle aux boiseries claires et moquette, les hommes d'affaires se retrouvent pour s'entretenir au calme en savourant une cuisine traditionnelle et goûteuse. Le rapport qualité-prix est exceptionnel.

✹ In the heart of the Place Vendôme district, you'll be very welcome in this quaint family-run brasserie. The ground floor, open from 7am to 11pm is for customers looking for a continental breakfast, a quick meal at anytime or for one last drink after an evening out at the theater or the cinema. On the first floor, in a carpeted room furnished in light wood, businessmen enjoy flavor-stocked, tasty traditional cuisine.

*Déjeuner : ouvert tous les jours*
*Dîner : ouvert tous les soirs*

*Lunch : open everyday*
*Dinner : open every night*

*Brasserie*

# Chez Flottes

*Chef*
André Godfroi

*Propriétaire*
Olivier Flottes

2, rue Cambon | 75001 Paris

*Métro Concorde*

Tél : 01 42 60 80 89 | Fax : 01 42 60 13 85

flottes@wanadoo.fr | www.flottes.fr

**Menus :** 22 - 27 €

**A la carte :** 25 à 40 €

À un pas de la rue de Rivoli et de la Place de la Concorde, la clientèle cosmopolite appréciera la cuisine française de tradition, parfois plus contemporaine, avec un clin d'œil vers les spécialités de l'Aveyron. Les plus beaux fruits de mer sont présentés sur le banc de l'écailler et les desserts sont incontournables. Très belle carte des vins et service joyeux, efficace et polyglotte.

Just a stone's throw from the rue de Rivoli and the Place de la Concorde, a cosmopolitan clientele enjoys traditional French cuisine here, with its occasional contemporary touches, and with a nod towards the specialties of the region of Aveyron. A broad range of the finest seafood is available and the desserts are unbeatable. Very fine wine list and cheerful, efficient, multi-lingual service.

*Déjeuner : ouvert tous les jours*
*Dîner : ouvert tous les soirs*

*Lunch : open everyday*
*Dinner : open every night*

*Brasserie*

# Chez Jenny

*Chef*
Abdel Boulghalegh

*Directeur*
Serge Nhouyvanisvong

| | |
|---|---|
| 🏠 | 39, boulevard du Temple \| 75003 Paris |
| 🚇 | Métro République |
| ◻ | Tél : 01 44 54 39 00 \| Fax : 01 44 54 39 09 |
| ❄ | www.chez-jenny.com |
| ⛱ | **Formule :** "Dîner+Spectacle" à partir de 52 € (tél. : 01 44 71 86 82) |

**A la carte :** 36 €

Ce temple de l'Alsace à Paris est un hommage de la capitale à la belle province. Les marqueteries de Charles Spindler, les boiseries d'Albert Erny, les banquettes rouges, le service en costume et les plats de toujours - banc de fruits de mer toute l'année en arrivage direct. Un endroit régionaliste incontournable qui sert à toute heure, et une ambiance dépaysante et gaie qui méritent le détour.

With this Alsace temple in Paris, the capital pays homage to the beautiful province. Alsatian artist Charles Spindler's marquetry, Albert Erny's paneling, the red benches, uniformed waiters and the time-honoured dishes all combine well : sea food is served all year round with direct deliveries. An essential regional venue, that serves at all times, with a joyful atmosphere. Well worth a visit when you're looking for a change.

*Déjeuner : ouvert tous les jours*
*Dîner : ouvert tous les soirs*

*Lunch : open everyday*
*Dinner : open every night*

*Brasserie*

# Chez Georges

*Chef*
Jean-Pierre Fay

*Propriétaire*
Dominique Clerc

273, boulevard Péreire | 75017 Paris

*Métro Porte Maillot*

Tél : 01 45 74 31 00 | Fax : 01 45 74 02 56

www.chez-georges.com

**A la carte :** 40 €

Face au Palais des Congrès de la Porte Maillot, ce bistrot chic a su garder la personnalité de son passé tout en se donnant un air de jeunesse. Dominique Clerc tient avec attention les rênes de cette salle confortable. À la carte, la tradition est de mise et les classiques côtoient des plats plus contemporains, servis avec générosité. Les vins, de belle qualité, sont choisis avec intelligence et le service est attentif et compétent.

Facing the Palais des Congrès, near the Porte Maillot, this establishment has kept its historical personality combined with a very modern flair. Regular customers keep coming back for Dominique Clerc's traditional cuisine influenced by contemporary creativity. In this comfortable dining room, you will enjoy generous portions, intelligently thought-out wine list and attentive and competent service.

*Déjeuner : ouvert tous les jours*
*Dîner : ouvert tous les soirs*

*Lunch : open everyday*
*Dinner : open every night*

*Directeur*
Eddy Zouari

# La Coupole

*Chef*
Romuald Bouvty

 102, boulevard du Montparnasse | 75014 Paris

 *Métro Vavin*

 Tél : 01 43 20 14 20 | Fax : 01 43 35 46 14

 www.flobrasseries.com

 **Menus :** Express 24,50 € - Brasserie 34,50 €

**A la carte :** 34 - 43 €

Une partie de l'histoire de Montparnasse s'est construite dans cette brasserie aujourd'hui classée monument historique. Hemingway, Aragon, Picasso et bien d'autres en furent les habitués. La cuisine de brasserie est sans faille et le service enjoué. Le dancing, au sous-sol, propose les mardi, vendredi et samedi soirs des soirées salsa, electro-soul, broken beat ou deep house.

Montparnasse's history was established here in this brasserie, classified today as an historical monument. Hemingway, Aragon, Picasso and many others were faithful customers. The quality control of both the kitchens and service of the brasserie have remained a priority for La Coupole. In the basement, a dance floor offers salsa, electro-soul, "broken beat" or "deep house" dancing on Tuesday, Friday and Saturday nights.

*Déjeuner : ouvert tous les jours*
*Dîner : ouvert tous les soirs*

*Lunch : open everyday*
*Dinner : open every night*

*Brasserie*

# le Grand Café

*Chef*
Jean-Pierre Lambert

*Directeur*
Joaquim Braz

4, boulevard des Capucines | 75009 Paris

Métro *Opéra*

Tél : 01 43 12 19 00 | Fax : 01 43 12 19 09

de.grandcafe@blanc.net | www.legrandcafe.com

**Formule :** "Dîner+Spectacle" à partir de 52 € (tél. : 01 44 71 86 82)

**Menu :** 30 € • **A la carte :** 47 €

A quelques mètres de l'Opéra, de l'Olympia, des cinémas et des grands magasins, l'emplacement du Grand Café est magique. Dans son décor attractif signé Jacques Garcia, où se côtoient les parisiens et les touristes, cette brasserie est ouverte 24/24h. Qu'il soit midi ou minuit, on y sert avec le même sourire et le même plaisir.

The Grand Café is magically situated, just a stone's throw from the Opera, the Olympia, cinemas and major department stores. In its alluring decor designed by Garcia, Parisians and tourists rub shoulders 24 hours a day. Whether it is midday or midnight, you'll be attended to with care by the cheerful staff and be served with the same smile and pleasure.

*Déjeuner :* ouvert tous les jours
*Dîner :* ouvert tous les soirs

*Lunch :* open everyday
*Dinner :* open every night

*Brasserie*

*Directeur*
Pascal Le Bihan

# Les Grandes Marches

*Chef*
Tony Rodrigue

🏛 6, place de la Bastille | 75012 Paris

🚇 *Métro Bastille*

📞 Tél : 01 43 42 90 32 | Fax : 01 43 44 80 02

❄ www.lesgrandesmarches.com

🍽 **Menus :** Express 24,50 € - Brasserie 34,50 €

🍴 **A la carte :** 44 €

🔵 Mitoyen de l'Opéra Bastille, ce restaurant est le rendez-vous des amateurs de bel canto et des artistes lyriques. Il est fréquent d'y rencontrer les vedettes qui illustrent la vie parisienne. Les volumes très contemporains ont été redessinés par Christian de Portzamparc. L'ambiance est aussi dans l'assiette. Tony Rodrigue, Chef très créatif, a réinventé l'esprit brasserie sans pour autant abandonner les grands classiques.

🔵 Adjacent to the Opéra Bastille, this restaurant is the meeting place for fans of Il Bel Canto and opera singers. From breakfast (reservation only) to supper, coming across the stars that light up Parisian everyday life is not rare : actors, fashion designers, singers, famous businessmen. The interior, redesigned by Christian de Portzamparc, is utterly modern. The very creative and much-renowned Chef, Tony Rodrigue has reinvented the brasserie concept.

*Déjeuner : ouvert tous les jours*
*Dîner : ouvert tous les soirs*

*Lunch : open everyday*
*Dinner : open every night*

*Brasserie*

# Julien

*Chef*
Jean-Philippe Bourgueil

*Directeur*
Lionel Gugliéri

16, rue du Faubourg Saint-Denis | 75010 Paris

*Métro Strasbourg - Saint-Denis*

Tél : 01 47 70 12 06 | Fax : 01 42 47 00 65

www.julienparis.com

**Menus :** Express 24,50 € - Brasserie 34,50 €

**A la carte :** 32 €

Cet établissement, créé au siècle dernier, date d'une époque où les restaurateurs savaient aussi être des mécènes. C'est à Louis Majorelle qu'avait été confiée la réalisation du bar en acajou de Cuba, et aux meilleurs spécialistes de l'Art Nouveau la décoration de ce qui n'était à l'origine qu'un «bouillon». Julien maintient la grande tradition de la brasserie parisienne.

The current decor in this 1800's establishment dates back to an era when restaurant owners were also patrons of the arts. Louis Majorelle crafted the bar from Cuban mahogany and Art Nouveau's most prominent decorators attended to sprucing up the place which was little more than a simple neighborhood eatery at the time. Julien carries on the grand tradition of Parisian brasseries.

*Déjeuner : ouvert tous les jours*
*Dîner : ouvert tous les soirs*

*Lunch : open everyday*
*Dinner : open every night*

*Brasserie*

# La Lorraine

*Chef*
Jean-Raymond Lepâtre

*Directeur*
Philippe Bully

| | 2, place des Ternes | 75008 Paris |
| | *Métro Ternes* |
| | Tél : 01 56 21 22 00 | Fax : 01 56 21 22 09 |
| | www.brasserielalorraine.com |
| | **Formule :** "Dîner+Spectacle" à partir de 52 € (tél. : 01 44 71 86 82) |

**A la carte :** 55 €

Cette grande brasserie chic du quartier des Ternes, une des institutions du Paris gourmand, renaît avec bonheur dans un très beau décor, avec un bar à cocktails, un coin lounge et toujours une belle terrasse pour les beaux jours. Cet endroit est le point de ralliement pour déguster fruits de mer, coquillages et crustacés.

This grand, smart brasserie in the Ternes quarter, one of the Paris institutions of tasty food, joyfully re-opens with a beautiful decor, cocktail bar, lounge area and as always a fine terrace for the fine weather. Here is the place to come to enjoy seafood and shellfish.

*Déjeuner : ouvert tous les jours*
*Dîner : ouvert tous les soirs*

*Lunch : open everyday*
*Dinner : open every night*

*Brasserie*

# Luxembourg

*Co-gérant*
Paul Dasilva

*Co-gérante*
Isabelle Dasilva-Hibert

58, boulevard Saint-Michel | 75006 Paris

*Métro Cluny La Sorbonne*

Tél : 01 43 54 20 03 | Fax : 01 43 26 17 35

hetjlelux@wanadoo.fr

**Menus :** déjeuner 25 € - dégustation 23 €

**A la carte :** 26 €

Faisant face au jardin du Luxembourg, de style Baltard, la brasserie climatisée et sa superbe terrasse ensoleillée vous accueillent 7/7j, du petit matin jusqu'à très tard dans la nuit. Outre les classiques proposés dans les brasseries, le Chef s'attache à travailler les produits de saison et revoit complètement la carte tous les quatre mois. L'ambiance convie à la bonne humeur.

Facing the Jardins du Luxembourg, in the inimitable Baltard style, this air-conditioned brasserie and its magnificent sunny terrace await you seven days a week, from early in the morning to very late at night. In addition to traditional brasserie fare, the Chef goes out of his way to offer a choice of seasonal products and devises a brand new menu every 4 months.

*Déjeuner : ouvert tous les jours*
*Dîner : ouvert tous les soirs*

*Lunch : open everyday*
*Dinner : open every night*

*Brasserie*

# Le Petit Zinc

*Chef*
Jérôme Léoty

*Directeur*
Gilbert Letellier

🏛 11, rue Saint-Benoit | 75006 Paris

🌐 *Métro Saint-Germain des Prés*

✴ Tél : 01 42 86 61 00 | Fax : 01 42 86 61 09

🎁 petitzinc@blanc.net | www.petitzinc.com

**Formule :** "Dîner+Spectacle" à partir de 52 € (tél. : 01 44 71 86 82)

**Menus :** déjeuner 23 € - dîner 35 € • **A la carte :** 48 €

⭕ Pour les tête-à-tête amoureux et gourmands, les âmes romantiques et les nostalgiques d'un Paris bohème et secret, le Petit Zinc est un endroit rêvé. Nichée au cœur de Saint-Germain-des- Prés, cette brasserie séduit tous les amateurs d'authenticité avec sa jolie façade au décor faïencé de style Art Nouveau et son élégant mobilier. La carte fleure bon les recettes d'antan remises au goût du jour.

✳ Le Petit Zinc is just made for eager couples, romantic souls who miss the bohemian, secret side of the capital. Hidden in the middle of Saint-Germain-des-Prés, this brasserie with its pretty Art Nouveau ceramic facade and its elegant furniture, refurbished by interior decorator Jean Jégou, attracts all those who are looking for genuineness. The menu is reminiscent of old recipes brought up to date.

*Déjeuner : ouvert tous les jours*
*Dîner : ouvert tous les soirs*

*Lunch : open everyday*
*Dinner : open every night*

*Brasserie*

# Au Pied de Cochon

*Chef*
Joël Veyssiere

*Directeur*
Jean-François Lecerf

 6, rue Coquillière | 75001 Paris

*Métro Les Halles*

Tél : 01 40 13 77 00 | Fax : 01 40 13 77 09

pieddecochon@blanc.net | www.pieddecochon.com

**Formule :** "Dîner+Spectacle" à partir de 52 € (tél. : 01 44 71 86 82)

**A la carte :** 48 €

Depuis le 6 décembre 1946, alors que naissait le Pied de Cochon, les fourneaux de cette institutionnelle brasserie du ventre de Paris ne se sont pas éteints : on y sert en effet 24h sur 24. Et c'est dans un décor ludique que le public vient s'attabler pour une cuisine qui entretient avec ferveur la nostalgie des Halles d'antan.

This renowned establishment was born on December 6, 1946, and its stoves have been operating nonstop 24h/24 ever since. Parisians, out-of-towners and globe-trotters alike flock here for the whimsical decor and the cuisine, which captures all the nostalgia of the now-defunct Halles (the wholesale food market the area is named for).

*Déjeuner : ouvert tous les jours*
*Dîner : ouvert tous les soirs*

*Lunch : open everyday*
*Dinner : open every night*

*Brasserie*

# Le Procope

*Chef*
Philippe Baillergeant

*Directeur*
Marc Durnerin

---

🏛 13, rue de l'Ancienne-Comédie │ 75006 Paris

---

◻ *Métro Odéon*

---

❄ Tél : 01 40 46 79 00 │ Fax : 01 40 46 79 09

---

▷ www.procope.com

---

**Formule :** "Dîner+Spectacle" à partir de 52 € (tél. : 01 44 71 86 82)

**Menus :** Procope 30 € - Des Philosophes 30 € • **A la carte :** 45 €

⚪ Diderot, Rousseau, Voltaire, Hugo, Balzac, Benjamin Franklin et Verlaine, parmi d'autres, ont fréquenté cette maison vieille de trois siècles, le plus ancien café-glacier de Paris. Aujourd'hui, le Procope est toujours le rendez-vous d'échanges d'idées des médias, des politiques, des hommes de théatre, des artistes.

🏴 Diderot, Rousseau, Voltaire, Hugo, Balzac, Benjamin Franklin and Verlaine to name but a few, came to this three centuries old establishment, the oldest café-ice cream parlour in Paris. Today the Procope is still a venue where the media, politicians, theatre people and artists exchange ideas.

*Déjeuner : ouvert tous les jours*
*Dîner : ouvert tous les soirs*

*Lunch : open everyday*
*Dinner : open every night*

*Brasserie*

# La Rotonde

*Co-Propriétaire*
Gérard Tafanel

*Co-Propriétaire*
Serge Tafanel

 105, boulevard du Montparnasse | 75006 Paris

*Métro Vavin*

Tél : 01 43 26 48 26 | Fax : 01 46 34 52 40

**Menu carte :** 1 entrée + 1 plat + 1 dessert = 34 €

⚫ Fréquentée autrefois par les plus célèbres artistes peintres et écrivains français et américains, La Rotonde est un endroit joyeux, confortable et chaleureux. La gentillesse de Serge et Gérard Tafanel, les actuels propriétaires, est proverbiale et les habitués aiment à retrouver à leur carte les vrais produits de qualité.

✳ Once a meeting place for the most famous painters and French and American writers, La Rotonde is a cheerful, comfortable and welcoming place. The current owners, Serge and Gérard Tafanel, are renowned for their kindness, and regulars enjoy the many quality dishes on their menu.

*Déjeuner : ouvert tous les jours*
*Dîner : ouvert tous les soirs*

*Lunch : open everyday*
*Dinner : open every night*

*Brasserie*

# Le Stella

*Chef*
Stéphane Cailloux

*Propriétaire*
Rodolphe Biron
*Directeur*
Jérôme Delebarre

 133, avenue Victor Hugo | 75016 Paris

Métro Victo Hugo

Tél : 01 56 90 56 00 | Fax : 01 56 90 56 01

**A la carte :** 34 €

Tout près de l'Arc de Triomphe et à deux pas de la place Victor Hugo, Le Stella a fait peau neuve sans rien perdre de sa superbe. Tout y est de bon ton : l'ambiance joyeuse et animée, le décor de bois clair, le confort, les fruits de mer remarquablement sélectionnés, et les petits plats bien français. Carte des vins harmonieuse. Service rapide et souriant.

Not too far from the Arc de Triomphe, and near the place Victor Hugo, you'll find the Stella. It has been renovated without losing its superb tone of excellence. The ambiance is joyful and animated surrounded by a blond wood decor. Produce from the sea are selectively chosen and the specialties are typically French. Harmonious wine list, great service with a smile.

*Déjeuner : ouvert tous les jours*
*Dîner : ouvert tous les soirs*

*Lunch : open everyday*
*Dinner : open every night*

*Directeur*
Denis Nicolle

# Terminus Nord

*Chef*
Pascal Boulogne

📷 23, rue de Dunkerque | 75010 Paris

🧭 *Métro Gare du Nord*

✳️ Tél : 01 42 85 05 15 | Fax : 01 40 16 13 98

www.terminusnord.com

**Menus :** Express 24,50 € - Brasserie 34,50 €

**A la carte :** 40 €

🔵 Un endroit incontournable, face à la gare du Nord. Sitôt quitté le quai, il suffit de pousser la porte de cette brasserie pour se retrouver dans un décor années 30 avec banquettes de moleskine, globes et plantes vertes. Ambiance joyeuse et ludique, belle sélection de vins et service précis

✳️ Not so long ago, railroad station restaurants were a favorite with gourmets. Nowadays though, the cuisine at most stations is limited to the fast-food joint variety. Thankfully Jean-Paul Bucher's Terminus Nord is still going strong. Its 30's decor is a fond reminder of the era when trains had elegant dining cars.

*Déjeuner :* ouvert tous les jours
*Dîner :* ouvert tous les soirs

*Lunch :* open everyday
*Dinner :* open every night

*Brasserie*

# Le Train Bleu

*Chef*
Jean-Pierre Hocquet

*Directeur*
Régis Bourdon

 Place Louis Armand │ 75012 Paris

 *Métro Gare de Lyon*

Tél : 01 43 43 09 06 │ Fax : 01 43 43 97 96

reservation_le_train_bleu@compass-group.fr │ www.le-train-bleu.com

**Menu :** 43 €

**A la carte :** 55 €

Non loin de la Place de la Bastille, le Train Bleu fut inauguré en 1901. Les plus grands peintres de l'époque ont contribué au cadre magnifique de ce «buffet» de la gare de Lyon inscrit aux Monuments Historiques. Les lambris dorés, les tableaux, les porte-bagages en laiton, les banquettes restituent l'ambiance très ornementée du début du siècle. On y vient aujourd'hui pour profiter du lieu majestueux.

Near the Place de la Bastille, inside the Gare de Lyon, the Train Bleu was opened in 1901. The greatest painters of the time contributed to the magnificent decor of this buffet that is listed as a historic building. The golden-wood paneling, the paintings, the brass luggage racks and the bench seats recreate the heavily ornamented atmosphere of the early 19th century. People come here today to enjoy the majesty of the place.

*Déjeuner : ouvert tous les jours*
*Dîner : ouvert tous les soirs*

*Lunch : open everyday*
*Dinner : open every night*

*Brasserie*

# Vagenende

*Propriétaire*
Monique Egurreguy

*Maître d'hôtel*
François Lacarrière

142, boulevard Saint-Germain | 75006 Paris

*Métro Odéon*

Tél : 01 43 26 68 18 | Fax : 01 40 51 73 38

www.vagenende.fr

**Menu :** 23 €

**A la carte :** 27 €

Cet ancien bouillon du début du siècle dernier est devenu une brasserie élégante de Saint-Germain-des-Prés. Elle mérite le détour. Le décor Art Nouveau de fresques, miroirs et boiseries chantournées est authentique et classé. La cuisine française, issue du marché et du terroir, y est pleine de vraies saveurs.

This former early 19th century "bouillon" (eatery) is now a most elegant brasserie. The Art Nouveau decor of frescoes, mirrors and graceful woods is authentic and enjoys 'historical landmark' status. The French cuisine, based on market finds and regional, earthy ingredients, is alive with genuine flavors.

*Déjeuner : ouvert tous les jours*
*Dîner : ouvert tous les soirs*

*Lunch : open everyday*
*Dinner : open every night*

*Brasserie*

*Directeur*
Jean-Marie Riberpray

# Le Vaudeville

*Chef*
Jean-François Thorel

🏛 29, rue Vivienne | 75002 Paris |

🌂 *Métro Bourse*

Tél : 01 40 20 04 62 | Fax : 01 49 27 08 78

www.vaudevilleparis.com

**Menus :** Express 24,50 € - Brasserie 34,50 €

**A la carte :** 40 €

 Les journalistes de l'AFP, du Figaro, du Nouvel Observateur, et les boursiers, tous voisins, ont fait de cet endroit au cadre Art Déco une de leurs cantines favorites. Le Tout-Paris du théâtre ne dédaigne pas non plus y avoir ses aises. La cave bien sélectionnée et le service toujours souriant font le reste.

✷ Reporters from the French press agencies and weeklies publishing companies rub shoulders with nearby stock-brokers have made this Art Deco venue one of their favorite canteens. The Paris theatrical set is also on familiar ground here. A well selected cellar and the service, always with a smile, does the rest.

*Déjeuner :* ouvert tous les jours
*Dîner :* ouvert tous les soirs

*Lunch :* open everyday
*Dinner :* open every night

*Brasserie*

# Wepler

*Chef*
Miguel Soria

*Propriétaire*
Michel Bessière

14, place de Clichy | 75018 Paris

*Métro Place de clichy*

Tél : 01 45 22 53 24 | Fax : 01 44 70 07 50

wepler@wepler.com | www.wepler.com

**A la carte :** 35 €

S'il est à Paris une brasserie institutionnelle, fréquentée depuis un siècle par les peintres et les écrivains de la Butte Montmartre, c'est bien la brasserie Wepler. On y retrouve l'atmosphère typique de ces lieux : un coin café et salon de thé, un autre pour la restauration. Une adresse incontournable pour qui veut s'imprégner du « vrai » Paris.

If there were only one institutional bistrot, frequented for a century of painters and writers from Montmartre, it's indeed the Wepler. Its authentic atmosphere is very typical : a coffee and tea-room corner, another for regular meals. A special address for whosoever wants to feel like they really are in Paris.

*Déjeuner : ouvert tous les jours*
*Dîner : ouvert tous les soirs*

*Lunch : open everyday*
*Dinner : open every night*

# Italian and Mediterranean cuisine

## Cuisine italienne et méditerranéenne

de 30 à 85€
*(Prix sans vin, taxes incluses)*

*Réservations*
*Reservations*

*Salon privé*
*Private room*

*Service voiturier*
*Valet parking*

*Air conditionné*
*Air conditioning*

*Cravate souhaitée*
*Jacket or tie required*

*Terrasse*
*Outdoor dining*

*Cave exceptionnelle*
*Exceptional wine cellar*

*Vue exceptionnelle*
*Exceptional view*

*Ambiance musicale*
*Musical ambience*

*Italian haute cuisine*

# Sormani

*Chef-propriétaire*
Jean-Pascal Fayet

*Directeur*
Jean-Claude Nowak

 4, rue du Général Lanzerac | 75017 Paris

*Métro Charles de Gaulle Étoile*

Tél : 01 43 80 13 91 | Fax : 01 40 55 07 37

**Menu :** déjeuner 44 €

**A la carte :** 75 - 95 €

La cuisine de Jean-Pascal Fayet, l'empereur de la truffe blanche et noire, s'inspire intelligemment des plats du terroir italien. Un terroir qu'il interprète à sa façon pour un public de parisiens qui aime une cuisine raffinée et des produits irréprochables.

Jean-Pascal Fayet, emperor of both black and white truffles, specializes in Italian cuisine. A country rich in secular traditions that he interprets brilliantly for a Parisian palate which favors fine cuisine and premier quality products. Sormani offers you a little bit of Italy in Paris and is a true landmark for mushrooms.

*Déjeuner : lundi au vendredi*
*Dîner : lundi au vendredi*

*Lunch : monday to friday*
*Dinner : monday to friday*

*Italian gastronomic cuisine*

# Conti

*Chef-directeur*
Michel Ranvier

*Maître d'hôtel*
Laurent Richard

 72, rue Lauriston | 75016 Paris

*Métro Boissière*

Tél : 01 47 27 74 67 | Fax : 01 47 27 37 66

**Menu :** déjeuner : 30 €

**A la carte :** 53 €

Dans son écrin rouge et noir avec lustres de Murano, la cuisine transalpine mêlée des influences françaises de Michel Ranvier a des saveurs ciselées. Il joue à merveille des traditions italiennes sans oublier de les moderniser.

Michel Ranvier's transalpine cuisine, combining French and Italian influences, is one of the very best in Paris. A former disciple of Troisgros and Jamin, he cooks traditional Italian dishes with great skill never forgetting to add some modern touches.

*Déjeuner : lundi au vendredi*
*Dîner : lundi au vendredi*

*Lunch : monday to friday*
*Dinner : monday to friday*

*Italian gastronomic cuisine*

# Il Cortile

*Chef*
Tjaco Van Eyken

*Directeur*
Cyril Gouze

37, rue Cambon | 75001 Paris

*Métro Concorde*

Tél : 01 44 58 45 67 | Fax : 01 44 58 44 00

ilcortile@castille.com | www.castille.com

**Menu :** 85 €

**A la carte :** 65 €

 La cuisine est ouverte sur une salle à manger, éclairée par la grande terrasse à la lumineuse fontaine à l'italienne. Broche et cuissons "a la plancha" y sont à l'honneur. Tjaco Van Eyken sait à la perfection exploiter les ressources des terroirs de l'Italie. Les saveurs s'envolent et se répondent en un contrepoint gourmand, dont le Chef, fidèle à l'esprit "Ducasse", reste le maître. Ce qui lui a valu une étoile au Guide Michelin.

A few steps from the Place Vendôme, the kitchens of this restaurant open onto the dining room, lit by the great terrace with its Italian fountain. Spit roasting and "a la plancha" cooking are favorites here. Tjaco Van Eyken is an expert in the use of local Italian produce. The flavors soar and mingle in a gourmet counterpoint of which the Chef, who remains faithful to the Ducasse spirit, is a true master.

*Déjeuner : lundi au vendredi*
*Dîner : lundi au vendredi*

*Lunch : monday to friday*
*Dinner : monday to friday*

*Italian gastronomic cuisine*

# Paolo Petrini

*Chef-propriétaire*
Paolo Petrini

*Co-propriétaire*
Jean-Pierre Mullatier

📠 6, rue du Débarcadère | 75017 Paris

❄ *Métro Porte Maillot ou Argentine* | *Parking offert (29, rue Brunel)*

Tél : 01 45 74 25 95 | Fax : 01 45 74 12 95

resinfo@paolo-petrini.fr | www.paolo-petrini.fr

**Menu :** 33 €

**A la carte :** 65 €

🔵 Natif de Pise et élevé à Trieste, Paolo Petrini est un autodidacte passionné, intransigeant sur la qualité des produits et d'une rigueur absolue dans l'élaboration de ses plats. Sa carte des vins, en forme d'ode à la nouvelle Italie viticole, est une des plus intelligentes de la capitale. Sa cuisine est d'une authenticité rare. Classique et raffinée, elle est en permanence revisitée tout en restant fidèle à la tradition.

✺ Born in Pisa and brought up in Trieste, Paolo Petrini is a self-taught impassioned chef, who is intractable on the quality of the produce he uses to meticulously prepare his dishes. His wine list is an ode to new Italian wine growing and one of the cleverest in the capital. The genuine quality of his cuisine is unique. It is classical and refined, but continuously revised within the strict confines of tradition.

*Déjeuner : lundi au vendredi*
*Dîner : lundi au samedi*

*Lunch : monday to friday*
*Dinner : monday to saturday*

*Italian gastronomic cuisine*

# La Romantica

*Chef-propriétaire*
Claudio Puglia

*Directeur*
Massimiliano Baloss

🏠 73, boulevard Jean Jaurès | 92110 Clichy

🚇 *Métro Mairie de Clichy*

☎ Tél : 01 47 37 29 71 | Fax : 01 47 37 76 32

✉ laromantica@wanadoo.fr | www.claudiopuglia.com

**Menus :** déjeuner 36 - 49 € - dîner 43 €

**A la carte :** 62 €

🔵 L'un des meilleurs italiens de Paris se niche en réalité à Clichy. Passée la porte cochère, vous découvrez, au bout d'un couloir, une magique cour-jardin pour les beaux jours et une salle à manger largement ouverte sur les frondaisons. Et surtout, vous dégusterez la cuisine de Claudio Puglia, un Italien qui sait faire flamboyer et raconter le soleil, les parfums et les saveurs de son pays.

🔀 One of the best Italian cuisine of Paris is ensconded in Clichy. Past the carriage entrance, you discover, at the end of a corridor, a magical yard-garden for sunny days and a dining room widely open to the natural foliage. And of course, Claudio Puglia's superb cuisine, an Italian who knows how to make the sunshine blaze, brings the scents and flavors of his country.

*Déjeuner : lundi au vendredi*
*Dîner : lundi au samedi*

*Lunch : monday to friday*
*Dinner : monday to saturday*

*Italian cuisine*

# Caffè Minotti

*Chef-propriétaire*
Nicolas Vernier

*Responsable de salle*
Jenny-Lou Mercier

33, rue de Verneuil | 75007 Paris

*Métro Rue du Bac*

Tél : 01 42 60 04 04 | Fax : 01 42 60 04 05

caffeminotti@wanadoo.fr

**A la carte :** 45 €

Au cœur du quartier des antiquaires et des grands éditeurs, près du musée d'Orsay, cette élégante salle au décor contemporain et larges volumes exprime la nature de Nicolas Vernier que guident la perfection et le bon goût. De son ascendance maternelle italienne, il a gardé une sensibilité culinaire certaine, que confortent douze années passées auprès d'Alain Ducasse. La carte, très équilibrée, change sans cesse et le risotto est différent chaque jour.

In the heart of the antiques district, near the Musée d'Orsay, the Caffè Minotti boasts Nicolas Vernier's fine Italian cuisine. Thanks to his maternal Italian heritage and his twelve years experience with Alain Ducasse, Mr Vernier raises good taste to perfection with acquired culinary sensibility. Set in a spacious, elegant decor, one can savour a different risotto everyday and enjoy an ever-changing menu, always balanced and creative.

*Déjeuner : mardi au samedi*
*Dîner : mardi au samedi*

*Lunch : tuesday to saturday*
*Dinner : tuesday to saturday*

231

*Italian cuisine*

# Fellini

*Chef*
Andrea Tatta

*Propriétaire*
Efisio Mannai

 47, rue de l'Arbre Sec | 75001 Paris

❄ *Métro Louvre-Rivoli*

Tél : 01 42 60 90 66 | Fax : 01 42 60 18 04

**Formule déjeuner :** entrée+plat+dessert 25 €

**A la carte :** 35 €

🌑 Proche du Musée du Louvre, cette spacieuse salle à manger est une valeur sûre de la cuisine italienne. Les Italiens de Paris viennent s'y délecter d'une cuisine généreuse et colorée. Efisio Mannai est issu d'une famille de restaurateurs. Des amuse-bouches aux desserts, il sait à la perfection accorder à ce moment de détente une nuance gourmande. La Péninsule est largement représentée à la carte des vins.

✳ This roomy dining room near the Louvre is a reliable venue for the best of Italian cuisine. A sure sign is that the Italians living in Paris come here to enjoy generous dishes full of colour. From the tempting appetizers through to his desserts, Effisio Mannai perfectly enhances your moment of cheer with that extra pinch of succulent delight. For those who like to explore the grape, the Italian varieties are widely represented on the wine list.

*Déjeuner : ouvert tous les jours*
*Dîner : ouvert tous les soirs*

*Lunch : open everyday*
*Dinner : open every night*

*Italian cuisine*

# Il Vicolo

*Chef*
Valerio Spagnoli

*Propriétaire*
Loredana Schettino

🏛 34, rue Mazarine | 75006 Paris

❄ *Métro Odéon*

☂ Tél : 01 43 25 01 11

**Menu :** déjeuner 23€

**A la carte :** 35 €

🔵 Le charme parisien de Saint-Germain-des-Prés opère jusqu'au Quai de Conti, où fut construit au XVIIIe siècle, face au Louvre, le Palais de l'Institut de France. À deux pas de ce site magnifique, ce restaurant a créé un décor élégant, sobrement relevé de couleur. La cuisine est celle de la Toscane, riche en spécialités gourmandes. On les goûte dans la simplicité du déjeuner ou dans l'ambiance plus sophistiquée du soir.

✴ The Parisian charm of Saint-Germain des-Prés reaches the Quai de Conti, where the Palais de l'Institut de France was built opposite the Louvre in the 18th century. Just a short walk from this magnificent site, this restaurant features a refined decor, highlighted with reserved colours. The cuisine is Tuscan, rich with tasty regional dishes that can be enjoyed simply at lunch-time or in a more sophisticated evening atmosphere.

*Déjeuner : lundi au samedi*
*Dîner : lundi au samedi*

*Lunch : monday to saturday*
*Dinner : monday to saturday*

*Italian cuisine*

# San Francisco

*Sommelier,*
**Laurent Tessier,**
*Maître d'hôtel*
**Ciro Scarano**

*Propriétaire*
**Carlo Bianchi**

 1, rue Mirabeau | 75016 Paris

 *Métro Mirabeau*

 Tél : 01 46 47 84 89 | Fax : 01 46 47 75 44

restaurantsanfrancisco@wanadoo.fr | www.san-francisco.fr

**A la carte :** 30 €

L'un des plus anciens restaurants italiens de Paris, au décor inchangé. L'un des seuls aussi où les pâtes sont faites à la main. Le personnel est 100 % italien et la cuisine 100 % authentique ; les plats sont mitonnés à la commande dans la cuisine ouverte. Service décontracté, salle calme et spacieuse.

This is one of Paris' oldest Italian restaurants, with its changeless decor, and one of the few to boast handmade pasta. The all-Italian staff serves all Italian food, cooked up on request in the open kitchens. Relaxed service in a large peaceful dining room.

*Déjeuner : lundi au samedi*
*Dîner : lundi au samedi*

*Lunch : monday to saturday*
*Dinner : monday to saturday*

*Italian cuisine*

# Les Amis des Messina

*Chef-propriétaire*
**Giuseppe Messina**

*Chef-propriétaire*
**Ignazio Messina**

204, rue du Faubourg Saint-Antoine | 75012 Paris

*Métro Faidherbe-Chaligny*

Tél : 01 43 67 96 01 | Fax : 01 43 67 96 01

www.lesamisdesmessina.fr

**A la carte :** 36 €

⚫ Oubliez ce que vous croyez savoir sur les restaurants italiens et devenez l'un des amis des Messina ! Entre Bastille et Nation, un lieu intime sur deux étages, avec pierres apparentes, tenu par deux frères siciliens, et c'est toute l'Italie dans votre assiette. Tous les produits frais viennent de là-bas : le basilic sent à deux mètres ! Poêlée d'artichauts au pesto de menthe, spaghettis aux anchois et crème de fenouil, calamar grillé au romarin.

✳ Forget the notions you may have about Italian restaurants. Between Bastille and Nation, this intimate venue on two floors with its old stone walls is run by two Sicilian brothers, who put the whole of Italy on your plate. All the fresh produce comes from there; you can smell the basil six feet away! Fried artichokes with mint pesto, anchovy spaghetti with fennel cream, grilled squid with rosemary - lighter, but no less delicious Sicilian cuisine.

*Déjeuner : lundi au vendredi*
*Dîner : lundi au samedi*

*Lunch : monday to friday*
*Dinner : monday to saturday*

*Italian cuisine*

# La Rucola

*Chef-propriétaire*
**Sergio Pais**

*Co-propriétaire*
**Michel Lukin**

198, boulevard Malesherbes | 75017 Paris

*Métro Wagram*

Tél : 01 44 40 04 50 | Fax : 01 47 63 13 20

**Menus :** déjeuner 14,50 €

**A la carte :** 35 €

Un bistrot italien des plus fins, situé porte d'Asnières. À la carte recherchée, s'ajoutent des spécialités régionales qui varient chaque quinzaine. Les habitués viennent y lire le petit texte qui présente l'une des vingt-deux régions de l'Italie à l'honneur et déguster des plats presque introuvables à Paris. Ambiance feutrée et distinguée, service courtois, prix raisonnables : une adresse qui ne décevra pas les connaisseurs.

A highly elegant Italian restaurant, near the Porte d'Asnières. The sophisticated menu combines Venetian and regional specialties that change every fortnight. Regulars come here to read a short description of one of the 22 featured Italian regions and enjoy dishes difficult to find elsewhere in Paris. Subdued, refined ambience, polite service, reasonable prices: the connoisseurs will not be disappointed.

*Déjeuner : lundi au vendredi*
*Dîner : lundi au samedi*

*Lunch : monday to friday*
*Dinner : monday to saturday*

*Italian cuisine*

# Bellagio

*Directeur*
Jérôme Guérin

*Propriétaires*
Georges Menut
Bertrand Menut

 101, avenue des Ternes | 75017 Paris

*Métro Porte Maillot*

Tél : 01 40 55 55 20 | Fax : 01 45 74 96 16

**A la carte :** 38 €

○ Reprendre les traditions culinaires d'un pays est l'une des meilleures façons d'en découvrir les subtilités. L'Italie n'échappe pas à cette règle. Dans une salle aux murs patinés, aux couleurs de la péninsule, vous succomberez à toute l'élégance romantique de la charmante ville touristique de Bellagio, sur le lac de Côme. Les tentations de la carte vous raviront et la cave reflète largement les plus subtils vignobles italiens.

�це To take up a country's culinary traditions is one of the best ways to appreciate its subtleties. Italy is no exception to the rule. In a dining room with all the lustre and Italian colors that recall the romantic elegance of the charming town of Bellagio on Lake Como, you'll surrender to the wine list, packed with the subtlest wines from Italian vineyards.

*Déjeuner : ouvert tous les jours*
*Dîner : ouvert tous les soirs*

*Lunch : open everyday*
*Dinner : open every night*

*Italian cuisine*

# Finzi

*Propriétaires*
Laurie Dhjan
Francis Dhjan

*Chef de cuisine,*
Michaël Moreau
*Directeur*
Philippe Klugstertz

182, boulevard Haussmann | 75008 Paris

*Métro Saint-Philippe-du-Roule*

Tél : 01 45 62 88 68 | Fax : 01 45 61 41 05

www.finzi.fr

**A la carte :** 35 €

Entre Saint-Philippe-du-Roule et l'Étoile, proche des Champs Élysées, cet îlot italien est imprévu dans ce sobre quartier d'affaires. Familles, amis, amoureux s'y rendent en confiance pour un repas d'authentique cuisine du nord de la péninsule servi vivement avec une grande amabilité. Les plats, hyper copieux et délicieux, suivent les saisons et tous sont ravissants de fraîcheur. L'inévitable tiramisu est, ici, exemplaire.

Between Saint-Philippe du Roule and the Place de l'Etoile, near the Champs Elysées, this Italian jewel is unexpected in this business district. Yet families, friends and couples gather here to feast on authentic Northern Italian cuisine. Copious dishes, always respecting the freshest seasonal products, are served in a friendly courteous manner. The ever-famous Tiramisu is an example of the scrumptious creations offered here.

*Déjeuner :* lundi au vendredi
*Dîner :* ouvert tous les soirs

*Lunch :* monday to friday
*Dinner :* open every night

*Italian cuisine / Trendy*

# Findi George V

*Chef*
Loïc Gaudin

*Propriétaire*
Jean-Philippe Blanc

🖼 24, avenue George V │ 75008 Paris

🚗 *Métro George V ou Alma*

📷 Tél : 01 47 20 14 78 │ Fax : 01 47 20 10 08

✳ jpblanc@findi.net │ www.findi.net

🍴 **Menus déjeuner :** 25 € │ **Brunch :** 25 €

🎵 **Menu carte :** entrée+plat+dessert 30 €

🔵 Une envie d'Italie? Dans le Triangle d'Or, le Findi George V vous accueille dans son décor contemporain. Un jeune Chef y a pris ses aises pour préparer une cuisine proposant les classiques du cru et vins de la Botte. Juste à côté, une boutique traiteur pour vivre la dolce vita chez soi. Brunch italien le dimanche.

✳ A fancy for Italy? In the Golden triangle, Findi George V welcomes you into its contemporary decor. A young Chef prepares his cuisine offering the classic Italien dishes and wines. Just next door, a catering boutique will provide you with everything to enjoy La Dolce Vita at home. Italian brunch on Sundays.

*Déjeuner : ouvert tous les jours*
*Dîner : ouvert tous les soirs*

*Lunch : open everyday*
*Dinner : open every night*

*Propriétaire*
Raymond Visan

# Barlotti

*Directeur*
David Weiss

🏠 35, place du Marché Saint-Honoré | 75001 Paris

🚇 *Métro Pyramides ou Tuileries*

📞 Tél : 01 44 86 97 97 | Fax : 01 44 86 97 98

✉️ barlotti@barlotti.fr

🍽️ **Menu :** déjeuner 22,50 € • **A la carte :** 50 €

🎵 **Brunch :** 28 € (dimanche et jours fériés de 12h à 16h)

🔵 Ce dernier né est le plus impressionnant de la série. Après le B*Fly, le Buddha Bar et le Barrio Latino, c'est maintenant le Barlotti qui a ouvert ses portes sur trois niveaux. Situé place du Marché Saint-Honoré, avec ascenseur, atrium et lounges, l'ambiance est feutrée et animée à la fois. La cuisine italienne est somptueusement réussie. Un lieu d'ores et déjà très fréquenté où vous devrez réserver à l'avance !

✳️ They seem to have saved the best till last: after the B*Fly, the Buddha Bar and the Barrio Latino, it's the turn for Barlotti to open on three floors. Located in the Place du Marché Saint-Honoré, with atrium, lounges and lift, the atmosphere is both low-key and lively. The Italian cuisine is a great success. A place that is already very busy, so you'll need to book in advance!

*Déjeuner : ouvert tous les jours*
*Dîner : ouvert tous les soirs*

*Lunch : open everyday*
*Dinner : open every night*

*Italian cuisine / Trendy*

# Lei

*Chef*
Salvatore Esposito
*Sous-chef*
Mazzareno Montis

*Directeur*
Théophile Pourriat

🏛 17, avenue de la Motte-Picquet | 75007 Paris

🚇 Métro Ecole Militaire

☎ Tél : 01 47 05 07 37 | Fax : 01 45 80 96 36

✉ lei@sljcohen.fr

**Menus :** déjeuner 23 - 29 €

**A la carte :** 45 €

⚪ Proche du Champ de Mars et des Invalides, ce charmant restaurant propose des plats traditionnels italiens. Dans une grande salle au décor simple et contemporain, le moment est agréable et de bon ton. La carte, courte, change sans cesse et l'on se plaît à revenir goûter à d'autres saveurs italiennes, que l'on accompagne bien volontiers d'un verre de vin de Toscane, de Sardaigne ou de Sicile.

✴ Close to the Champ de Mars and the Invalides, this charming restaurant offers Italian traditional dishes. In a large room with simple and contemporary decor, your time is pleasantly and gracefully spent. The concise menu is ever changing, enticing you to come back to taste a new offering of Italian flavors harmoniously accompanied by a glass of wine from Tuscany, Sardinia or Sicily. Warm and attentive service.

*Déjeuner :* mercredi au samedi
*Dîner :* mardi au dimanche

*Lunch :* wenesday to saturday
*Dinner :* tuesday to sunday

241

*Italian cuisine / Trendy*

# Chez Livio

*Chef-propriétaire*
Pierre Innocenti

*Co-propriétaires*
Alfio Innocenti
Victorio Innocenti

 6, rue de Longchamp | 92200 Neuilly-sur-Seine

*Métro Pont-de-Neuilly*

Tél : 01 46 24 81 32 | Fax : 01 47 38 20 72

restaurant-livio@wanadoo.fr

**Menus :** déjeuner 16,50 € - Enfants 12,50 €

**A la carte :** 26 €

Créée au début des années soixante, cette trattoria de charme demeure une référence incontournable. Dans le grand patio fleuri, sous le toit qui s'ouvre dès les premiers rayons de soleil venus, le registre est limpide et bon, petits vins du cru sur le mode guilleret prix d'une exemplaire sagesse. L'ambiance est toujours un brin exubérante, dans un coude-à-coude sympathique et chaleureux.

Dating back to the 60's, this charming trattoria has become one of the best-loved eateries in Paris. Fans flock to its covered, flowerbedecked patio (the roof is cranked open at the very first sign of fair weather!). The menu is replete with light and lively offerings, and the prices are exemplary. The ambiance is always a shade exuberant and unfailingly warm, chances are you'll get to know (and love!) your neighbours.

*Déjeuner : ouvert tous les jours*
*Dîner : ouvert tous les soirs*

*Lunch : open everyday*
*Dinner : open every night*

*Greek cuisine*

# Mavrommatis

*Chef-propriétaire*
**Andreas Mavrommatis**

*Co-propriétaire*
**Evagoras Mavrommatis**

42, rue Daubenton | 75005 Paris

*Métro Censier Daubenton*

Tél : 01 43 31 17 17 | Fax : 01 43 36 13 08

info@mavrommatis.fr | www.mavrommatis.fr

**Menus :** déjeuner 20 - 32 € - dîner 32 €

**A la carte :** 43 €

Les frères Mavro, Andréas aux fourneaux et Evagoras en salle, c'est l'exhaltation de la tradition et du terroir de la Grèce. Près de la rue Mouffetard, dans un décor de bois, de photos et d'objets qui racontent le pays avec intelligence, c'est toute l'âme de la cuisine méditerranéenne qui défile dans les assiettes. La rafale de petits hors-d'œuvre chauds et froids et autres plats font de ce restaurant le meilleur grec de la capitale.

Going to this restaurant tucked along the quaint Rue Mouffetard is much like visiting a super hospitable friend's house. The "Mavro" brothers greet you with wide smiles and put you in a festive mood as you wait for some of the very best Greek cuisine Paris has to offer. Enjoy beautifully prepared, artfully finished Hellenic classics paired with your pick from a pleasing selection of wines from 'the old country'.

*Déjeuner : mardi au samedi*
*Dîner : mardi au samedi*

*Lunch : tuesday to saturday*
*Dinner : tuesday to saturday*

*Corsican cuisine*

# La Villa Corse

*Chef*
Henri Boutier

*Directeur*
Antoine de Turris

 164, boulevard de Grenelle | 75015 Paris

 Métro la Motte-Piquet Grenelle

Tél : 01 53 86 70 81 | Fax : 01 53 86 90 73

**Menus :** déjeuner : 20 €

**A la carte :** 45 €

Trois salles à manger aux décors différents accueillent les amateurs des spécialités de l'Ile de Beauté. La cuisine est authentique. Un florilège de plats mitonnés est énoncé sur une grande ardoise et y participent bien sûr tous les produits de l'île. Une très belle cuisine et un accueil charmant.

Three dining rooms, each decorated differently, welcome lovers of specialties of Corsica, the Island of Beauty. The cooking is authentic. A collection of dishes meticulously prepared is announced on a large slate board. On it, you will find characteristic island produce. A truly beautiful cuisine and a charming welcome.

*Déjeuner : lundi au samedi*
*Dîner : lundi au samedi*

*Lunch : monday to saturday*
*Dinner : monday to saturday*

# BERNARD LOISEAU
## LE RELAIS

# Hôtel - Restaurant - Spa - Boutique

21210 SAULIEU - BOURGOGNE

Tél. : 03 80 90 53 53          Fax : 03 80 64 08 92

Magnifiques chambres «Relais & Châteaux», table d'exception et détente dans l'espace Bien-Etre… Un coin de paradis à 2h30 de Paris (A6) et 3h00 de Genève.

*Exquisite "Relais & Châteaux" Hotel, superb restaurant hailed as a shrine of French Cuisine, fitness and beauty center… A tide of well-being to 2$^{1/2}$ hours of Paris by superhigway and 3 hours to Geneva.*

# International cuisine

## Cuisines du monde

### de 35 à 60€
*(Prix sans vin, taxes incluses)*

Réservations
Reservations

Salon privé
Private room

Service voiturier
Valet parking

Air conditionné
Air conditioning

Cravate souhaitée
Jacket or tie required

Terrasse
Outdoor dining

Cave exceptionnelle
Exceptional wine cellar

Vue exceptionnelle
Exceptional view

Ambiance musicale
Musical ambience

SP**O**ON

food & wine

14, rue de Marignan 75008 Paris

tél. : 33 **(0) 1 40 76 34 44**
fax : 33 **(0) 1 40 76 34 37**
**http://www.spoon.tm.fr**

*Asian cuisine*

# Asian

*Chef*
Diep Phuong

*Directeur*
Boun Khounsamma

🏛 30, avenue George-V │ 75008 Paris

🚇 *Métro George-V*

☎ Tél : 01 56 89 11 00 │ Fax : 01 56 89 11 01

✳ asian@asian.fr │ www.asian.fr

🍴 **Menus :** déjeuner 23 € - dégustation 58 €

🎵 **A la carte :** 39 €

 Plus qu'un simple restaurant, Asian est un lieu de vie mélangeant modernité et culture ancestrale, mariant subtilement les parfums provenant de toute l'Asie. A vous de vous laisser séduire par les services exclusifs que vous propose l'Asian : l'Asian Shop, le bar - avec D.J. le vendredi et le samedi soir - la terrasse, le brunch asiatique au septième jour et la formule bistrot du midi pour déguster rapidement un peu d'exotisme.

 The decor, an harmonious blend of pale columns and wooden furniture, features a Zen garden and a bamboo forest. As can be expected, the first-rate cuisine is made with tantalizingly fresh ingredients, choice lean meat and aromatic herbs. The authentic desserts are a must. You will also enjoy the tearoom open daily and the local specialty cocktails from the bar. Asian brunch on Sundays!

*Déjeuner :* dimanche au vendredi
*Dîner :* ouvert tous les soirs

*Lunch :* sunday to friday
*Dinner :* open every night

248

*Asian cuisine*

# Siamin'

*Chef*
Somchay Khenviray

*Directeur*
Denis Kouch

19, rue Bayard | 75008 Paris

*Métro Franklin D. Roosevelt*

Tél : 01 47 20 23 70 | Fax : 01 47 20 23 66

www.siamin.net

**Menus :** découverte : 21 € - dégustation : 35 €

**A la carte :** 35 €

Près des Champs Elysées, ce temple de la cuisine gastronomique siamoise est un beau lieu sur lequel veillent les divinités thaïlandaises. Un décor magnifique, typique, élégant et doux sert d'écrin à une cuisine rare, remarquable de bon goût, aussi spectaculaire que raffinée. Plats originaux à découvrir.

Near the Champs Elysées, this temple of the Siamese cuisine is a beautiful place where the diners are surrounded and protected by Thai divinity statues. The decor is magnificent, elegantly typical and delicate, with a cuisine that is superbly remarkable. Original dishes to be discovered.

*Déjeuner : ouvert tous les jours*
*Dîner : ouvert tous les soirs*

*Lunch : open everyday*
*Dinner : open every night*

*Chinese cuisine*

# Chez NGo

*Chef*
Heng Uch
et les serveurs

*Propriétaire*
Seang NGo

| | |
|---|---|
| 🏛 | 70, rue de Longchamp │ 75016 Paris |
| 🟦 | *Métro Trocadéro* |
| ❄ | Tél : 01 47 04 53 20 │ Fax : 01 47 27 81 06 |
| | **Menus :** 30 € - déjeuner 15 € (la semaine) |

🔵 Le roi de la mer. C'est la signification des trois caractères apposés sur l'écriteau de bois devant le restaurant Chez NGo. Pas d'erreur possible, ici les spécialités sont les fruits de mer! En franchissant la porte, la fresque qui orne le mur et les petits salons particuliers en bois sculpté vous transporteront dans un autre univers, celui de la Chine profonde. Monsieur NGo se fera un plaisir de vous faire déguster ses spécialités.

🔆 King of the Sea. That's the meaning of the three Chinese characters on the wooden sign in front of Chez NGo. And no mistake, this restaurant specializes in seafood! Once inside, the wall paintings in the dining room and the small private rooms in carved wood paneling take you to another world, that of timeless China, where Mr NGo is only too pleased to have you taste his specialities.

*Déjeuner : dimanche au vendredi*
*Dîner : ouvert tous les soirs*

*Lunch : sunday to friday*
*Dinner : open every night*

*Chinese cuisine*

# Chez Vong

*Chef*
Vai-Kuan Vong

*Propriétaire*
Vai-Kuan Vong

10, rue de la Grande Truanderie | 75001 Paris

*Métro Châtelet Les Halles*

Tél : 01 40 26 09 36 | Fax : 01 42 33 38 15

chez-vong@wanadoo.fr | www.chez-vong.com

**Menu :** 23 €

**A la carte :** 40 €

Dans un décor d'auberge chinoise ancienne, aux murs et aux colonnes de pierre et à l'abondante végétation, la cuisine tient une place prépondérante. Le chef Vai Kuan Vong excelle dans les préparations de Canton, première ville gastronomique de Chine. Les autres traditions culinaires et l'inventivité sont aussi à l'honneur. Les mets sont d'une extrême délicatesse et présentés comme des oeuvres d'art. En salle, Madame Vong dirige d'une main de fée un service diligent et souriant.

In the decor of an old Chinese inn, with stone walls and columns and plants everywhere, the kitchen dominates everything. Chef Vai Kuan Vong cooks Cantonese style to perfection – the leading gastronomic style in China. Other culinary traditions including inventiveness are also well represented. The dishes are extremely refined and served like works of art. Madame Vong manages the assiduous smiling service with a wave of her magic wand.

*Déjeuner : lundi au samedi*
*Dîner : lundi au samedi*

*Lunch : monday to saturday*
*Dinner : monday to saturday*

*Chinese cuisine*

# Dragons Elysées

*Chef*
Sridara Thao

*Directeur*
Francis Lee

🏛 11, rue de Berri | 75008 Paris

❄ *Métro George V*

Tél : 01 42 89 85 10 | Fax : 01 45 63 04 97

**Menu :** déjeuner 14 € (sauf week-end et jours fériés)

**A la carte :** 35 €

🔵 Dans le quartier des Champs Elysées, ce restaurant est célèbre pour son décor unique en France autant que pour sa cuisine. Un bassin où nagent des poissons rouges et carpes Koï donne, en rappel à une cascade, l'impression d'être à l'extérieur, dans une nature chantante et charmante dont le ciel est constellé d'étoiles. Deux cuisiniers préparent les nombreux plats dans la tradition chinoise et celle de la Thaïlande.

🔴 Located on the Champs Elysées, this restaurant is famous both for its cuisine and its decor, uique in France, of a waterfall where goldfish and Koi carp swim giving us the impression of being outdoors, with all the sounds and charms of nature under a sky studded with stars. Two Chefs prepare the many traditional Chinese and Thai dishes. Most of the wines are French, but lovers of the exotic can try two Chinese wines and liqueurs evocative of the East.

*Déjeuner :* ouvert tous les jours
*Dîner :* ouvert tous les soirs

*Lunch :* open everyday
*Dinner :* open every night

*Chinese cuisine*

# Foc Ly

*Chef*
Ho Waiwah

*Propriétaire*
Lu Suyfat

79, avenue Charles-de-Gaulle | 92200 Neuilly

*Métro Les Sablons*

Tél : 01 46 24 43 36 | Fax : 01 46 24 48 46

**Menus :** déjeuner : 16 - 18,70 € (lundi au vendredi)

**A la carte :** 34 €

Foc Ly est le refuge asiatique de la riche et discrète clientèle de Neuilly. Pas d'extravagance donc, dans ce décor élégant et sobre de bois clair, une cuisine plutôt savante, personnelle et assez peu coûteuse, comme on l'aime dans les beaux quartiers. La plupart des plats sont à l'opposé de la banalité. Un restaurant chinois franc et sûr.

A quietly elegant, well-heeled clientele favors the Asian fare at this restaurant, located in Paris' posh Neuilly suburb. The handsome blond wood dining room is distinctly low key, and the cuisine is intelligently prepared, very personal and reasonably priced. Many of the dishes on the menu are truly outstanding.

*Déjeuner :* ouvert tous les jours
*Dîner :* ouvert tous les soirs

*Lunch :* open everyday
*Dinner :* open every night

*Chinese cuisine*

# Passy Mandarin 16ème

*Chef*
Wong Man Lee

*Directeur*
Charles Vong

 6, rue Bois-Le-Vent | 75016 Paris

 *Métro La Muette*

 Tél : 01 42 88 12 18 | Fax : 01 45 24 58 54

**Menu :** "Canard laqué" 70 € (pour deux personnes)

**A la carte :** 37 €

C'est tout le quartier bon chic/bon genre qui, depuis 1976, vient ici avec ferveur, mais aussi les amateurs de cuisine asiatique de tous horizons. Dans ce décor de boiseries ajourées, de peintures, de soieries et de tables luxueusement parées, le service est toujours omniprésent et d'une amabilité confondante. Les mets sont exécutés avec une imparable rigueur.

This establishment plays host to enthusiastic locals from the chic neighborhood where it's located, and Asian food lovers from elsewhere! The dining room is prettily decorated with carved woodwork, paintings and silk, and the tables are luxuriously set. Attentive, affable staffs serve divine dishes all prepared with unsurpassed precision.

*Déjeuner : ouvert tous les jours*
*Dîner : ouvert tous les soirs*

*Lunch : open everyday*
*Dinner : open every night*

*Chinese cuisine*

# Tse Yang

*Chef*
Yang Kui Fah

*Directeur*
Jean Leray

25, avenue Pierre-1er-de-Serbie | 75016 Paris

*Métro Iéna*

Tél : 01 47 20 70 22 | Fax : 01 49 52 03 68

**A la carte :** 38 €

Le plus international, mondain et élégant des restaurants chinois à Paris. Dans un décor digne de la Cité Interdite, vaste et précieux, servis avec art par des maîtres d'hôtel dont quelques uns sont français, solennels et courtois, goûtez, sur des tables tournantes, les plats qui font rêver. Brillante carte de vins français, de bières et d'alcools chinois.

This is Paris' most elegant, international, high society Chinese restaurant. Artful waiters (some of them French) provide courteous service in a vast, preciously decorated dining room worthy of the Forbidden City. Sample an array of delicacies from revolving trays. Brilliant French wine list ; Chinese beers and spirits are also available.

*Déjeuner : ouvert tous les jours*
*Dîner : ouvert tous les soirs*

*Lunch : open everyday*
*Dinner : open every night*

*Chinese cuisine*

# Zen Garden

*Chef-propriétaire*
Shi Ming Chen
*Chef*
Kamkan So

*Responsables*
Guohong Yin,
Béatrice Chen

| | |
|---|---|
| 🏠 | 15, rue Marbeuf \| 75008 Paris |
| 🚇 | *Métro Franklin-D. Roosevelt* |
| ☎ | Tél : 01 53 23 82 82 \| Fax : 01 53 23 01 00 |
| ✉ | paris.zengarden@wanadoo.fr \| www.zengarden-restaurant.com |
| 🍽 | **Menus :** déjeuner (du lundi au samedi) 18,50 € - dégustation 49 € |
| 🎵 | **A la carte :** 40 € |

🔵 Tout proche des Champs Elysées et de l'Etoile, ce restaurant élégant, au décor raffiné créé sur les conseils du grand architecte chinois Sheng Tang Guyoi propose un panorama complet de la gastronomie chinoise. Élève du Maître Tan Kwei Ming, M. Shi Ming Schen a conçu une carte extrêmement variée où s'expriment les saveurs nuancées des cuisines de Shangaï, Pékin, Sichuan et Canton. Service attentif et gracieux.

🔵 Next to the Champs Elysees and the Place de L'Etoile, this Zen Garden whose elegant decor was advised by the grand Chinese architect, Sheng Tang Guyoi, offers a complete scope of Chinese gastronomy. A student of Master Tan Kwei Ming, the Chef Shi Ming Schen created an extremely varied menu that wakens the ancient and subtle cuisine of Shangai, Peking, Sezchwan and Canton. Attentive and polite service.

*Déjeuner : ouvert tous les jours*
*Dîner : ouvert tous les soirs*

*Lunch : open everyday*
*Dinner : open every night*

*Chinese and thaï cuisine*

# Kok Ping

Lau Wan Kwai,
Phomsouvanh Keo

*Co-propriétaire*
Catherine Kouch

🏛 4, rue de Balzac | 75008 Paris

⬚ *Métro George V*

❋ Tél : 01 42 25 28 85 | Fax : 01 53 75 11 49

www.kokping.com

**Menus :** déjeuner 19 € - dîner 24 €

**A la carte :** 30 - 35 €

⭕ Dans cet élégant restaurant niché en haut des Champs Elysées, tout près de la Place de l'Etoile, l'ambiance animée laisse place à la discussion. Huit cuisiniers préparent des spécialités de Thaïlande (38 plats, épicés à la demande) et de Chine (52 plats) ainsi que des plats végétariens. Les amateurs de cuisine asiatique s'en régalent.

✳ In this elegant restaurant esconced at the top of the Champs Elysées, right next to the Place de l'Etoile, the bustle and flurry outdoors give way to calm conversation. Eight Chefs prepare specialties from Thailand (38 dishes, spiced according to your taste) and from China (52 dishes), as well as vegetarian dishes. Lovers of Asian cuisine have a feast.

*Déjeuner :* dimanche au vendredi
*Dîner :* samedi au vendredi

*Lunch :* sunday to friday
*Dinner :* saturday to friday

*Chinese and thaï cuisine*

# Tong Yen

*Chef*
Chin Kwoh Kwah

*Propriétaire*
Thérèse Luong

🏛 1 bis, rue Jean-Mermoz | 75008 Paris

🚇 *Métro Franklin D. Roosevelt*

☎ Tél : 01 42 25 04 23 | Fax : 01 45 63 51 57

❄ **A la carte :** 46 €

🔵 A deux pas du Rond-Point des Champs Elysées existe un haut lieu stratégique du Tout-Paris : le célèbre restaurant Tong Yen. Thérèse Luong règne depuis des lustres sur la vie parisienne. Charmeuse, charmante, elle propose une cuisine à son image et bichonne ses clients-amis comme personne. Le président Jacques Chirac et Madame, Caroline de Monaco, Robert Hossein, Johnny Hallyday font partie des fidèles de Thérèse.

❇ Just a step from the Rond-Point des Champs Elysées exists the famous culinary "mecca" of Paris: the restaurant Tong Yen. Thérèse Luong reigns on the Parisian life. Captivating, charming, she offers fine cooking and pampers her customers as friends, like President Jacques Chirac and his wife, Caroline de Monaco, Robert Hossein or Johnny Halliday.

*Déjeuner : ouvert tous les jours*
*Dîner : ouvert tous les soirs*

*Lunch : open everyday*
*Dinner : open every night*

*Thaï cuisine*

# Blue Elephant

*Chefs*
Supun Wayno,
Srijettanont Sathit

*Directeur général*
Eric Camerlynck

43, rue de la Roquette | 75011 Paris

Métro Bastille

Tél : 01 47 00 42 00 | Fax : 01 47 00 45 44

paris@blue-elephant.com | www.blue-elephant.com

**Menus :** déjeuner 16 - 22 € · dîner 44 - 48 €

**Brunch :** 29 € (uniquement le dimanche) • **A la carte :** 41 €

Le personnel en costume local virevolte dans un décor exotique de loggias et de mezzanines avec pont et cascade, qui reproduit celui d'un authentique village thaï. L'équipe de quatre Chefs thaïlandais offre tout l'éventail de la cuisine des quatre provinces de la Thaïlande. Les mets, relevés, sont notés de zéro à trois éléphants selon leur puissance et sont d'une rare finesse d'exécution..

This restaurant will make you feel as though you've been transported straight to a traditional Thai village ! The dining area consists of a myriad of small rooms filled with lush flowers and exotic objects. Four Chefs from Thailand offer a full range of delicacies from the four provinces of Thailand. Beware of the dishes marked with red elephants ! One elephant stands for spicy... and three equals dynamite !

*Déjeuner : dimanche au vendredi*
*Dîner : ouvert tous les soirs*

*Lunch : sunday to friday*
*Dinner : open every night*

*Thaï cuisine*

# Livingstone

*Chefs de cuisine*
Somphong
Deng Somsak

Propriétaire et manager
Brice Fournier
Renaud Bouchery

106, rue Saint-Honoré | 75001 Paris

*Métro Louvre-Rivoli*

Tél : 01 53 40 80 50 | Fax : 01 53 40 80 51

doctor@livingstone.fr | www.livingstone.fr

**Menus :** déjeuner 15 - 25 €

**A la carte :** 40 €

Imaginez-vous confortablement installé dans le salon aux multiples recoins d'un voyageur passionné de brocante, entre tableaux cubistes, plantes exotiques, statuettes africaines et souvenirs d'Asie... C'est l'effet que fait le Livingstone, un restaurant thaïlandais pas comme les autres, où vous accueillent Mette et Renaud. Une fois le lieu adopté, on ne le quitte plus.

Picture yourself comfortably installed in this lounge, in one of the multiple hidden recesses of a traveler fascinated by secondhand trade, amongst Cubists paintings, exotic plants, African statuettes and souvenirs of Asia… This is the magic of the Livingstone, an offbeat Thai restaurant. Once you find the places, you will definitely want to come back.

*Déjeuner :* lundi au vendredi
*Dîner :* ouvert tous les soirs

*Lunch :* monday to friday
*Dinner :* open every night

*Thaï cuisine*

# Khun Akorn

*Chef*
Weeboontawee
Burtumka

*Directeur*
Ky Pivanith

8, avenue de Taillebourg | 75011 Paris

*Métro Nation*

Tél : 01 43 56 20 03 | Fax : 01 40 09 18 44

**A la carte :** *27 €*

 Cette discrète ambassade de la cuisine thaïlandaise, proche de la Place de la Nation, vaut le détour, pour l'exotisme ouvert qu'elle affiche avec son décor de bouddhas en bois doré, d'oiseaux de légende et de dragons bien tranquilles autour du bar en acajou et sur le parquet comme en Chine. La cuisine, autour de l'acidulé, du pimenté et du salé, s'affirme l'une des meilleures de la capitale.

This low-key embassy of Thai cuisine, near the Place de la Nation, is definitely deserving of our praise. Its handsome gold-coated wooden dining room boasts Buddhas, legendary birds and majestic dragons around the mahogany bar and on the Chinese parquet floor. The cuisine elaborated around sour, spicy and salty taste sensations proves to be one of the best of its kind in Paris.

*Déjeuner : mardi au dimanche*
*Dîner : mardi au dimanche*

**Lunch :** *tuesday to sunday*
**Dinner :** *tuesday to sunday*

*Thaï cuisine*

# Silk & Spice

*Propriétaire*
So-jeong Kim

*Directeur*
Joeng-hun Kim

6, rue Mandar | 75002 Paris

*Métro Étienne-Marcel ou Sentier*

Tél : 01 44 88 21 91 | Fax : 01 42 21 36 25

silk.spice@wanadoo.fr | www.groupsilkandspice.com

**Menus :** déjeuner 19 - 22 €

**A la carte :** 42 €

Au cœur de Paris, à côté de la rue Montorgueil, vous succomberez à la magie millénaire de l'ancien royaume de Siam grâce au charme de ce restaurant exceptionnel. Silk et Spice, un nom comme une caresse, où tradition et modernité culinaire se mélangent pour vous offrir des mets délicats, sophistiqués, ainsi qu'une interprétation différente de la cuisine traditionnelle thaïlandaise.

In the very heart of Paris, give in to the magic of the thousand-year-old ancient Siam kingdom, thanks to the charm of this exceptional restaurant. Silk and Spice, its name soft as a caress, where traditional and modern cuisine intermingle to offer you delicate and sophisticated fare, with a personal interpretation of traditional Thai gastronomy. It is a journey not to be missed among sweet and salty flavors, hot and spicy or very mild, as you like it.

*Déjeuner : ouvert tous les jours*
*Dîner : ouvert tous les soirs*

*Lunch : open everyday*
*Dinner : open every night*

*Thaï cuisine*

# Thaï

*Chef*
Christian Chea

*Directeur*
Patrick Chea

39, rue Saint-Roch | 75001 Paris

*Métro Pyramides ou Tuileries*

Tél : 01 42 96 28 24 | Fax : 01 42 96 28 24

**Menus :** "Phuket" 20 € - "Siam" 30 € - "Chiang Maï" 25 €

**A la carte :** 35 €

Entre l'Avenue de l'Opéra et la Rue du Faubourg Saint-Honoré, Patrick et Christian Chea vous invitent à découvrir de délicieuses saveurs thaïlandaises dans une ambiance délicatement feutrée. L'accueil est discret mais chaleureux, et le décor volontairement moderne. Excellent rapport-qualité prix. A découvrir absolument.

Between the Avenue de l'Opera and the Rue du Faubourg Saint-Honoré, Patrick and Christian Chea invite you to discover their deliciously flavored dishes in a subtle, calm and modern setting. The atmosphere owes much to a discreet yet warm reception by the staff. Excellent value for your money. A place to discover quickly.

*Déjeuner : lundi au vendredi*
*Dîner : ouvert tous les soirs*

*Lunch : monday to friday*
*Dinner : open every night*

*Vietnamese cuisine*

# Le Santal

*Chef-propriétaire*
Nguyên-Lee

*Directeur*
Michel Nguyên-Lee

| | |
|---|---|
| 🏠 | 8, rue Halevy │ 75009 Paris │ *Métro Maubert Mutualité* |
| | 6, rue de Poissy │ 75005 Paris │ *Métro Opéra* |
| ❄ | Tél : 01 47 42 24 69 │ Tél : 01 43 26 30 56 |
| | lesantal@lesantal.net │ www.lesantal.net |

**Menus :** déjeuner 16 € - dîner 30 € - dégustation 50 €

**A la carte :** 30 €

🔵 Nguyên-Lee, ancienne avocate à Saïgon, fait ici découvrir autant les aspects terriens que marins d'une cuisine qui s'inscrit dans le patrimoine culinaire indochinois. Inspirés des trois régions du pays, les plats de Hué, l'ancienne capitale impériale, de Saïgon ou du Tonkin sont de petits monuments de finesse et de saveurs autant que de séduction.

🌸 Nguyên-Lee, a former lawyer in Saïgon, treats guests to land and sea discoveries stemming from a rich Indochinese culinary heritage. Inspired by three regions of the country - Hué (the former Imperial capital) , Saigon and Tonkin - every dish on the menu is like a small, infinitely appealing shrine to finesse and flavor.

*Déjeuner : lundi au samedi*
*Dîner : lundi au samedi*

*Lunch : monday to saturday*
*Dinner : monday to saturday*

*Vietnamese cuisine*

# Tan Dinh

*Chef-sommelier*
Freddy Vifian

*Chef-sommelier*
Robert Vifian

60, rue de Verneuil | 75007 Paris

*Métro Solférino*

Tél : 01 45 44 04 84 | Fax : 01 45 44 36 93

**A la carte :** 53 €

C'est dans un décor de glaces mouchetées du Faubourg Saint-Germain qu'il vous faut essayer les plus extraordinaires associations mets-vins qui soient. Les frères Vifian, sont tout d'abord les zélateurs d'une nouvelle cuisine vietnamienne qui vaut le détour. De plus, ils présentent une cave hors du commun avec notamment un choix exhaustif de Pomerol et de Pétrus en nombreux millésimes.

Dazzle your taste buds with the most extraordinary combinations of foods and wines ever in the speckled mirror and lacquer decor of this "Faubourg Saint-Germain" establishment. This team of brothers fervently promotes Vietnamese "nouvelle cuisine", and the fare served here is definitely worth a visit. Moreover, they hold an uncommonly great cellar to their credit with a comprehensive selection of Pomerols and Petrus in numerous vintages.

*Déjeuner : lundi au samedi*
*Dîner : lundi au samedi*

*Lunch : monday to saturday*
*Dinner : monday to saturday*

*Japanese gastronomic cuisine*

# Benkay

Naoto Masumoto,
Taichi Ando,
Masao Karasuyama

Hiroyasu Watanabe,
Patrick Heulot

🏨 Hôtel Novotel Tour Eiffel | 61, quai de Grenelle | 75015 Paris

🚇 *Métro Bir-Hakeim ou Charles Michels*

📞 Tél : 01 40 58 21 26 | Fax : 01 40 58 21 30

✳️ h3546-fb1@accor.com |

🎵 **Formules déjeuner :** Teppan-Yaki à partir de 32 €

⏩ Sushi ou Washo-ku à partir de 25 € • **A la carte :** 80 €

🔵 Dominant Paris, sur le front de Seine, le restaurant Benkay est un bijou culinaire japonais. Dans un cadre raffiné et confortable, les plus grands chefs sushi du Japon, Taichi Ando et Masao Karasuyama proposent d'admirables mets traditionnels : sushi, sashimi, tempura, yakitori, grillades, beignets. Le Teppan-Yaki, spectaculaire cuisine sur plaque de Naoto Masumoto, est elle aussi fondée sur la haute gastronomie traditionnelle.

🎌 Overlooking the Seine river, the Benkay is a Japanese culinary jewel to be found. In a refined and comfortable atmosphere, two of Japan's top sushi Chefs, Ando Taichi and Karasuyama Masao, offer traditional dishes of sushi, sashimi, tempura, yakitori, grillages and beignets. The Teppan-Yaki, Chef Naoto Masumoto's spectacular cuisine on a hot platter, is also top scale traditional gastronomy.

*Déjeuner :* ouvert tous les jours
*Dîner :* ouvert tous les soirs

*Lunch :* open everyday
*Dinner :* open every night

*Japanese cuisine*

# Aki

Chef
Kazunari Kano

Propriétaire
Serge Lee

🏛 2 bis, rue Daunou | 75002 Paris

◻ Métro Opéra

✳ Tél : 01 42 61 48 38 | Fax : 01 47 03 37 52

**Menus :** déjeuner 23,50 - 27,50 € - "Menu Aki" 43 € (uniquement au dîner)

**A la carte :** 45 €

---

🟠 Près de l'Opéra, face au légendaire Harrys' Bar, rue Daunou, , Aki est comme son nom l'indique un véritable "bonheur" japonais à découvrir absolument. Le Chef Kazunari Kano et Serge Lee ont revisité les plats traditonnels nippons. Accueillis avec élégance, vous pourrez vous installer confortablement pour un joli voyage gastronomique, subtil et léger, authentique et raffiné.

✳ Near the Opera, in front of the legendary Harry's Bar, in the rue Daunou, Aki, as its name states, is a real Japanese "happiness" to be absolutely discovered. After an elegant welcome, you will settle down comfortably for one of the most beautiful, subtle and light culinary journeys, authentic and refined. Chef Kazunari Kano and Serge Lee have revisited the Japanese traditional dishes.

---

*Déjeuner : lundi au vendredi*
*Dîner : lundi au samedi*

*Lunch : monday to friday*
*Dinner : monday to saturday*

*Japanese cuisine*

# Azabu

Yoshihiro Yamane,
Hitoshi-Jin Tamura

*Propriétaire*
Mami Nakamura

| | |
|---|---|
| 🏠 | 3, rue André-Mazet \| 75006 Paris |
| 🌙 | Métro Odéon |
| ❄ | Tél : 01 46 33 72 05 |

**Menus :** "Zen" 33 € - "Azabu" 39 € - "Gourmand" 59 €

**A la carte :** 40 €

🟢 Bonne nouvelle ! La cuisine japonaise ne s'est jamais aussi bien portée ! Précipitez-vous chez Azabu, où Madame Nakamura vous accueillera chaleureusement dans son petit restaurant qui n'a de petit que la taille. Le Chef, discret et talentueux, fera danser les aliments d'une fraîcheur irréprochable devant vos yeux admiratifs et affamés. Laissez vous régaler, vos papilles seront plus que satisfaites.

🎆 Good news ! Japanese cuisine has never felt better ! Rush to Azabu, where Mrs Nakamura will welcome you warmly into her small restaurant which is only small in size. The discreet and talented Chef will have the irreproachably fresh ingredients dance in front of your admiring and covetous eyes. Treat yourselves and your tastebuds will be more than satisfied.

*Déjeuner :* mardi au samedi
*Dîner :* mardi au dimanche

*Lunch :* tuesday to saturday
*Dinner :* tuesday to sunday

*Japanese cuisine*

# Nodaiwa

*Chef*
Keizo Umeda

*Directeur*
Eric Ryckelynck

 272, rue St-Honoré | 75001 Paris

Métro Pyramides ou Tuileries

Tél : 01 42 86 03 42 | Fax : 01 42 86 59 97

info@nodaiwa.com | www.nodaiwa.com

**Menus :** dégustation 46 et 58 € - Sakura 24 € - Ran 26 € - Asunaro 35 €

**Formule déjeuner :** 19 € • **A la carte :** 38 €

Ce restaurant calme a une spécialité rare, très authentiquement cuisinée, la recette Kabayaki (anguille grillée) créée au Japon au XVIIème siècle. Transmise de génération en génération, elle est le point de départ de variations gustatives très étonnantes et délicieuses, apprêtées par un cuisinier formé au Japon par le fondateur du lieu, dont les trois restaurants de Tokyo brillent au firmament de la restauration japonaise depuis cinq générations.

You will find in this pleasant restaurant that rare specialty prepared in the most authentic tradition : "Kabayaki" (grilled eel). Transmitted from one generation to another, this eel recipe is the basis of very intriguing and delicious tasteful variations, created by a Chef who was trained by the creator of Nodaiwa, whose 3 restaurants in Tokyo have been considered as the greatest stars of Japanese cuisine for 5 generations.

*Déjeuner : lundi au samedi*
*Dîner : lundi au samedi*

*Lunch : monday to saturday*
*Dinner : monday to saturday*

*Japanese cuisine*

# Orient Extrême

*Chef*
Tabashi Yabe

*Co-propriétaire*
Lôc Tran

4, rue Bernard-Palissy | 75006 Paris

*Métro Saint-Germain-des-Prés*

Tél : 01 45 48 92 27 | Fax : 01 45 48 20 94

orient.extreme@wanadoo.fr

**Menus :** déjeuner 16 € - dîner 28 - 80 €

**A la carte :** 45 €

Vous aimez le poisson cru, les goûts nouveaux et les belles présentations dans des boîtes de bois laqué ? Courez à l'Orient Extrême, un restaurant japonais de haute volée, et dégustez, en plus des plats traditionnels, les inventions raffinées du chef Yabe Tadashi. Pensez à réserver : il y a tant d'habitués que c'est presque toujours complet !

If you like raw fish, new tastes and beautiful presentations in boxes of lacquered wood, run to Orient Extreme, a Japanese restaurant of high standing, and sample, besides the traditional dishes, the sophisticated inventions of Chef Yabe Tadashi. Don't forget to book : there are so many regular customers that it is almost always full !

*Déjeuner : lundi au samedi*
*Dîner : lundi au samedi*

*Lunch : monday to saturday*
*Dinner : monday to saturday*

270

*Moroccan cuisine*

# El Mansour

*Chef*
Mohamed Ezzyat

*Directeur*
Bouhcine Amenzou

🏠 7, rue de la Trémoille | 75008 Paris

🚇 *Métro Alma-Marceau*

📞 Tél : 01 47 23 88 18 | Fax : 01 40 70 13 53

❊ **A la carte :** 53 €

☂

Ⅵ

🔵 Au cœur du Triangle d'Or, dans un luxueux décor de boiseries et de tables joliment décorées, vous dégusterez une authentique cuisine marocaine. Dans cet oasis, le thé vert à la menthe de Meknès, l'accueil et le service sont, comme au pays, d'une amabilité non feinte.

🔵 If you're looking for ideal Moroccan cuisine, this is the place to come to. In the heart of Paris' Golden Triangle in a luxurious, wooden paneled decor with elegantly set tables, top off your meal with Meknes mint tea. In this oasis, the welcome and the service are top notch.

*Moroccan cuisine*

# Au Pied de Chameau

*Chef*
Said Sarih

*Propriétaire*
Abdé Zarzar

 20, rue Quincampoix | 75004 Paris

 *Métro Châtelet*

 Tél : 01 42 78 35 00 | Fax : 01 42 78 00 50

 www.aupieddechameau.fr

 **Menus :** déjeuner 12 € - dîner 47 - 55 €

**A la carte :** 34 €

Assurément, Abdé Zarzar et son vieux complice Pierre Richard s'y entendent pour nous emmener de l'autre côté de la Grande Bleue. Dès la porte franchie, vous êtes au Maroc : sous la tente caïdale d'abord puis, comme dans la Médina, poursuivez, pour pénétrer dans un superbe salon bleu ou dîner dans l'espace Aladin en terrasse alors qu'un spectacle se joue sur la scène. Cuisine variée récompensée par la fourchette d'or de la gastronomie marocaine.

Without any doubt, Abdé Zarzar and his old partner-in-crime Pierre Richard know how to transport you to the other side of the Mediterranean sea. Past the door, you are ... in Morocco, first in a sheikh's tent, then, carry on and push open the doors into a superb blue dining room. Dine under a star studded canopy while you enjoy an excellent show on stage. Varied cooking rewarded by the golden fork of the Moroccan gastronomy.

*Déjeuner :* ouvert tous les jours
*Dîner :* ouvert tous les soirs

*Lunch :* open everyday
*Dinner :* open every night

*Moroccan cuisine*

# Le Riad

*Chef*
Ben Moussa

*Directeur*
Bouhcine Amenzou

🏛 42, avenue Charles de Gaulle | 92200 Neuilly-sur-Seine

❄ *Métro Porte Maillot*

Tél : 01 46 24 42 61 | Fax : 01 46 40 19 91

**A la carte :** 50 €

⚪ Le Maroc façon palais intime, plus que souk ou oasis : Le Riad est un petit bijou doré, avec lustres scintillants, banquettes de soie, colonnes de marbre, moulures orientales et porcelaine de Chine. Ambiance calme et accueil chaleureux. Le menu, qu'on lit de droite à gauche, propose des variations raffinées autour des grands classiques. C'est fin, léger et délicieux.

✺ Morocco in the style of a secluded palace rather than an indoor market or an oasis : Le Riad is a little golden jewel, with twinkling lights, silken couches, marble columns, oriental mouldings and Chinese porcelain. A soothing ambiance and friendly welcome await you. The menu, read from right to left, as it would be in Arabic, offers sophisticated variations of the great classics. It is elegant, light and delicious.

*Déjeuner : ouvert tous les jours*
*Dîner : ouvert tous les soirs*

*Lunch : open everyday*
*Dinner : open every night*

*Moroccan cuisine*

# La Villa Mauresque

*l'Équipe*

*Propriétaire*
Fati Abouayoub

🏛 5, rue du Commandant Rivière | 75008 Paris

◐ *Métro St Philippe du Roule*

❄ Tél : 01 42 25 16 69 | Fax : 01 42 56 37 05

🌐 www.villamauresque.com

🎵 **Menus :** 30 € (le soir) - Assiette Orientale Express 15 €

**A la carte :** 46 €

 Fati a conçu son premier restaurant comme une maison privée. Cette souriante jeune femme a fait ses classes à l'École Ritz-Escoffier à Paris. De ses parents qui recevaient beaucoup, elle a hérité le goût des bonnes choses et un sens de l'accueil incomparable. La carte navigue avec bonheur, entre France et Maroc, sur une vague méditerranéenne.

 Fati designed her first restaurant in the style of a private home, with three delicately decorated rooms: Moroccan carpets and Moresque ornaments prevail. As ideal a hostess as her parents were, she also inherited their taste for good things. The menu resembles a delightful journey between France and Morocco on the crest of a Mediterranean wave.

*Déjeuner : lundi au vendredi*
*Dîner : lundi au vendredi*

*Lunch : monday to friday*
*Dinner : monday to friday*

*Lebanese cuisine*

# Fakhr El Dine

*Directrice*
Diana Abou Antoun

*Propriétaire*
Sliman Abou Antoun

 30, rue de Longchamp | 75016 Paris

🚌 *Métro Trocadéro*

☎ Tél : 01 47 27 90 00 | Fax : 01 53 70 01 81

✳ resa@fakhreldine.com | www.fakhreldine.com

🎵 **Menus :** déjeuner 23 € - dîner 26 €

**A la carte :** 45 €

◯ S'il devait y avoir une ambassade de la cuisine libanaise à Paris, le Fakhr El Dine serait bien en place. Il vous propose une gastronomie raffinée et succulente où se succèdent grand mezzé, grillades au feu de bois et d'autres spécialités dont les délicieuses pâtisseries de toutes saveurs. Les vins de Kefraya ou de Château Musar sont des incontournables. A ne pas laisser passer !

✸ If Lebanon were to choose its culinary embassy in Paris, Fakhr El Dine would certainly be a top contender. The pretty off-white dining room plays host to a crowd of nostalgic Beirut natives as well as curious, food-loving Parisians. Try a delicious Kefraya or Château Musar wine with your meal. Don't miss it!

*Déjeuner : ouvert tous les jours*
*Dîner : ouvert tous les soirs*

*Lunch : open everyday*
*Dinner : open every night*

*Indian cuisine*

# Gandhi-Opera

*Partenaire*
Sudha Seth

*Propriétaire*
Kumar Sunil Seth

 66, rue Sainte-Anne - angle 13, rue Saint- Augustin │ 75002 Paris

 *Métro Quatre Septembre*

 Tél : 01 42 60 59 60 │ Fax : 01 49 10 03 73

sunilseth@gandhi.fr │ www.gandhi.fr

**Menus :** déjeuner 14 - 20 € - dîner 23 - 35 €

**A la carte :** 27 €

Ce restaurant baigne dans le calme et la tranquilité. Kumar Sunil Seth accueille dans une salle à manger spacieuse et confortable, à l'ambiance discrètement animée par le son du sitar. La cuisine est celle du Penjab, délicate et parfumée, légère. Le répertoire est authentique et savoureux et l'on retrouve avec plaisir des saveurs parfumées.

This restaurant is peaceful, comfortable, bathed in a serene atmosphere. Mr Seth bids guests a warm welcome. The ambience is skillfully enhanced by the music of the sitar. The cuisine of Punjab is delicately seasoned and light. The menu is authentic with tasty food, a definite candidate for regular come backs !

*Déjeuner :* ouvert tous les jours
*Dîner :* ouvert tous les soirs

*Lunch :* open everyday
*Dinner :* open every night

*Indian cuisine*

# Nirvana Inde

*Propriétaire*
Kirane Grover Gupta

*Propriétaire*
Rajen Gupta

6, rue de Moscou | 75008 Paris

*Métro Liège ou Europe*

Tél : 01 45 22 27 12 | Fax : 01 45 74 85 60

**A la carte :** 27 €

Les acteurs des théâtres voisins se retrouvent souvent dans ce cadre luxueux, décoré avec talent, tout comme son autre restaurant (Kirane's, 85 avenue des Ternes), par Kirane Grover Gupta. Vous goûterez, ici une parfaite cuisine du Penjab, raffinée et délicatement parfumée. La cave constituée par Rajen Gupta est à la hauteur de son esprit perfectionniste et promet des harmonies savoureuses.

The players of the neighbouring theatres often come here to enjoy the luxurious setting that has been designed by Kirane Grover Gupta with the same talent as at his other establishment (Kirane's, 85 avenue des Ternes). Here you enjoy the delicate tastes of perfect Punjabi cooking in all its refinement. The cellar wines selected by Rajen Gupta reflect his perfectionism and promise some delicious combinations.

*Déjeuner : lundi au samedi*
*Dîner : lundi au samedi*

*Lunch : monday to saturday*
*Dinner : monday to saturday*

*Indian haute cuisine*

# Yugaraj

*Chef*
Joseph Abrham
Thangarajha

*Propriétaire*
Kulendren Meyapper

---

14, rue Dauphine | 75006 Paris

---

*Métro Odéon*

---

Tél : 01 43 26 44 91 | Fax : 01 46 33 50 77

---

**Menus :** déjeuner 30,80 € - dîner 35 € - dégustation 58 €

---

**A la carte :** 50 €

---

A deux pas de la Seine, sans doute l'un des tous premiers restaurants indiens en Europe et certainement le meilleur de Paris. Le raffinement y est suprême, l'accueil de monsieur Meyappen et le service stylés et souriants, le décor aux superbes boiseries sculptées, élégant. La cuisine explose de parfums en mariant les goûts les plus inattendus.

One of the very first Indian restaurants in Europe, and certainly the best in Paris. Superb refinement reigns supreme in this establishment - from the stylish warm welcome extended by Mr Meyappen to the friendly service, and the dining room's elegant carved wooden decor. The cuisine will dazzle you with marvelous flavors and surprising combinations.

---

*Déjeuner : fermé lundi et jeudi*
*Dîner : mardi au dimanche*

*Lunch : closed on monday and thursday*
*Dinner : tuesday to sunday*

# Best Bars
## Tendence &
## Lounges

**B\*FLY (LE)**
49-51, av George V - 8ᵉ
**01 53 67 84 60**

**BANANA CAFÉ (LE)**
13, rue de la Ferronerie - 1ᵉ
**01 42 33 35 31**

**BAR COSTES (LE)**
à l'hôtel Costes
239, rue Saint-Honoré - 1ᵉ
**01 42 44 50 00**

**BARLOTTI**
35, place du Marché
Saint-Honoré - 1ᵉ
**01 44 86 97 97**

**BARRAMUNDI (LE)**
3, rue Taitbout - 9ᵉ
**01 47 70 21 21**

**BARRIO LATINO (LE)**
46, rue du Faubourg
Saint-Antoine - 12ᵉ
**01 55 78 84 75**

**BOCA CHICA (LE)**
58, rue de Charonne - 11ᵉ
**01 43 57 93 13**

**BUDDHA BAR (LE)**
8, rue Boissy d'Anglas - 8ᵉ
**01 53 05 90 00**

**CABARET (LE)**
2, place du Palais-Royal - 1ᵉ
**01 58 62 56 25**

**CAFÉ BRASSAC**
37, avenue Kléber - 16ᵉ
**01 45 53 21 63**

**CHINA CLUB**
50, rue de Charenton - 12ᵉ
**01 43 43 82 02**

**CHINOISERIE (LA)**
à l'hôtel Hyatt
Regency
24, bd Malesherbes - 8ᵉ
**01 55 27 12 34**

**CÔTÉ COULISSES**
1, rue de Monsigny - 2ᵉ
**01 42 96 16 61**

**DJOON**
22, boulevard Vincent
Auriol - 13ᵉ
**01 45 70 83 49**

**FOOTSIE (LE)**
10, rue Daunou - 2ᵉ
**01 42 60 07 20**

**FUMOIR (LE)**
6, rue de l'Amiral Coligny - 1ᵉ
**01 42 92 00 24**

**JAIPUR (LE)**
à l'hôtel Vernet
25, rue Vernet - 8ᵉ
**01 44 31 98 06**

**LOUNGE BAR
DU ZEBRA SQUARE**
3, rue de Boulainvilliers - 16ᵉ
**01 45 27 76 16**

**MAN RAY (LE)**
32-34, rue Marbeuf - 8ᵉ
**01 56 88 36 36**

**MEZZANINE DE
L'ALCAZAR (LA)**
62, rue Mazarine - 6ᵉ
**01 53 10 19 99**

**NIRVANA (LE)**
3, av de Matignon - 9ᵉ
**01 53 89 18 91**

**POONA LOUNGE**
25, rue Marbeuf - 8ᵉ
**01 40 70 09 99**

**RÉSERVOIR (LE)**
16, rue de la Forge
Royale - 11ᵉ
**01 43 56 39 60**

**SCÈNE (LA)**
2, bis rue
des Taillandiers - 12ᵉ
**01 48 06 12 13**

**SENSO (LE)**
à l'hôtel de la
Trémoille
14, rue de la Trémoille - 8ᵉ
**01 56 52 14 14**

**SUMAI'S CAFÉ**
33, rue Vaugirard - 6ᵉ
**01 42 22 39 00**

**ZEN GARDEN**
15, rue Marbeuf - 8ᵉ
**01 53 23 82 82**

# WINE bars
# BARS À VINS

**BERGERIE (LA)**
21, RUE GALILÉE - 16ᵉ
**01 47 20 48 63**

**CAVE À DROUOT (LA)**
8, RUE DROUOT - 9ᵉ
**01 47 70 83 38**

**CLOCHE DES HALLES (A LA)**
28, RUE COQUILLÈRE - 1ᵉ
**01 42 36 93 89**

**ÉCLUSE FRANÇOIS 1ᴱᴿ (L')**
64, RUE FRANÇOIS 1ᴱᴿ - 8ᵉ
**01 47 20 77 09**

**ÉCLUSE MADELEINE (L')**
15, PL. DE LA MADELEINE - 8ᵉ
**01 42 65 34 69**

**GRIFFONNIER (LE)**
8, RUE DES SAUSSAIES - 8ᵉ
**01 42 65 17 17**

**LAVINIA**
3, BD DE LA MADELEINE - 1ᵉ
**01 42 97 20 20**

**MA BOURGOGNE**
19, PLACE DES VOSGES - 4ᵉ
**01 42 78 44 64**
133, BD HAUSSMANN - 8ᵉ
**01 45 63 50 61**

**MASCOTTE (LA)**
52, RUE DES ABESSES - 18ᵉ
**01 46 06 28 15**

**PIPOS (LES)**
2, RUE ECOLE POLYTECHNIQUE - 5ᵉ
**01 43 54 11 40**

**CHAI 33**
33, COUR SAINT-EMILION - 12ᵉ
**01 53 44 01 01**

**ATELIER MAÎTRE ALBERT (L')**
1, RUE MAÎTRE ALBERT - 5ᵉ
**01 56 81 30 01**

**RUBIS (LE)**
10, RUE DU MARCHÉ SAINT-HONORÉ - 1ᵉ
**01 42 61 03 34**

**SAVIGNON (AU)**
82, RUE DES SAINTS-PÈRES - 7ᵉ
**01 45 48 49 02**

**TAVERNE HENRI IV (LA)**
13, PLACE DU PONT - 1ᵉ
**01 43 54 27 90**

**WILLIS**
13, RUE PETITS-CHAMPS - 1ᵉ
**01 42 61 05 09**

**CHIBERTA**
3, RUE ARSÈNE-HOUSSAYE - 8ᵉ
**01 53 53 42 00**

**EVASION (L')**
7, PLACE SAINT-AUGUSTIN- 8ᵉ
**01.45.22.66.20**

# AMERICAN BARS & BARS D'HÔTELS

**DUKE'S BAR**
À L'HÔTEL WESTMINSTER
13, RUE DE LA PAIX - 2ᵉ
**01 42 61 57 46**

**BAR DE L'HÔTEL BRISTOL**
112, RUE FG ST HONORÉ - 8ᵉ
**01 53 43 43 40**

**BAR DE L'HÔTEL CRILLON**
10, PL. DE LA CONCORDE - 8ᵉ
**01 44 71 15 00**

**BAR DE L'HÔTEL PLAZA ATHÉNÉE**
25, AVENUE MONTAIGNE - 8ᵉ
**01 53 67 66 65**

**BAR DE L'HÔTEL WARWICK**
5, RUE DE BERRI - 8ᵉ
**01 45 63 14 11**

**BAR DU RESTAURANT "LE FOUQUET'S BARRIERE"**
99, AVENUE DES CHAMPS-ELYSÉES - 8ᵉ
**01 47 23 50 00**

**BARETTO (LE)**
À L'HÔTEL DE VIGNY
9-11, RUE BALZAC - 8ᵉ
**01 42 99 80 80**

**BAR DE L'HÔTEL TROCADERO DOKHAN'S**
117, RUE LAURISTON - 16ᵉ
**01 53 65 66 99**

**FORUM (LE)**
4, BD MALESHERBES - 8ᵉ
**01 42 65 37 86**

**GALERIE (LA)**
À L'HÔTEL GEORGE V
31, AVENUE GEROGE V - 8ᵉ
**01 49 52 30 01**

**HARRY'S NEW-YORK**
5, RUE DAUNOU - 2ᵉ
**01 42 61 71 14**

**HEMINGWAY (L')**
À L'HÔTEL RITZ
15, PLACE VENDÔME - 1ᵉ
**01 43 16 30 30**

**BLUE BAR (LE)**
À L'HÔTEL CONCORDE LAFAYETTE
3, PL. DU GAL KOENIG - 17ᵉ
**01 40 68 51 30**

**PLACE (LA)**
78, BIS AVENUE MARCEAU - 8ᵉ
**01 53 23 43 43**

## *Address Book*

**LOUNGE PERSHING (LE)**
49, RUE PIERRE CHARON - 8ᵉ
**01 58 36 58 00**

**PLEIN CIEL (LE)**
À L'HÔTEL CONCORDE
LAFAYETTE
3, PL. DU GAL KOENIG - 17ᵉ
**01 40 68 51 31**

**SIXTY SIX CAFÉ**
8, RUE DE LAPPE - 11ᵉ
**01 43 38 30 20**

**LE BAR 30**
À L'HÔTEL SOFITEL
11, RUE BOISSY D'ANGLAS - 8ᵉ
**01 44 94 14 27**

# JAZZ
## CLUBS

**AUTOUR DE MIDI
ET MINUIT**
11, RUE LEPIC - 18ᵉ
**01 55 79 16 48**

**BAISER SALÉ (LE)**
58, RUE DES LOMBARDS - 1ᵉ
**01 42 33 37 71**

**BILBOQUET (LE)**
13, RUE SAINT-BENOÎT - 6ᵉ
**01 45 48 81 84**

**CAVEAU
DE LA HUCHETTE
(LE)**
5-7, RUE DE LA HUCHETTE - 5ᵉ
**01 43 26 65 05**

**CHAPELLE
DES LOMBARDS (LA)**
19, RUE DE LAPPE - 11ᵉ
**01 43 57 24 24**

**HIPPOCAMPUS**
81, BD RASPAIL - 6ᵉ
**01 45 48 10 03**

**LIONEL HAMPTON
JAZZ CLUB**
À L'HÔTEL MERIDIEN
ÉTOILE
81, BD GOUVION ST-CYR - 17ᵉ
**01 40 68 34 34**

**NEW MORNING**
7, RUE DES PETITES
ECURIES - 10ᵉ
**01 45 23 51 41**

**OPUS JAZZ**
167, QUAI DE VALMY - 10ᵉ
**01 40 34 70 00**

**PETIT JOURNAL
MONTPARNASSE**
13, RUE CDT MOUCHOTTE -
14ᵉ
**01 43 21 56 70**

**PETIT JOURNAL
SAINT-MICHEL**
71, BD SAINT-MICHEL - 5ᵉ
**01 43 26 28 59**

**RIVERSIDE (LE)**
7, RUE GRÉGOIRE DE TOURS - 6ᵉ
**01 43 54 46 33**

**SEPT LÉZARDS
(LES)**
10, RUE DES ROSIERS - 4ᵉ
**01 48 87 08 97**

**SUNSET**
60, RUE DES LOMBARDS - 1ᵉ
**01 40 26 46 60**

# Piano
## BARS

**BRISTOL (LE)**
À L'HÔTEL BRISTOL
112, RUE FG ST-HONORÉ - 8ᵉ
**01 53 43 43 40**

**CALAVADOS (LA)**
40, AV. PIERRE 1ᵉʳ
DE SERBIE - 8ᵉ
**01 47 20 31 39**

**CIEL DE PARIS (LE)**
TOUR MONTPARNASSE - 15ᵉ
**01 40 64 77 64**

**CLOSERIE DES
LILAS (LA)**
171, BLD MONTPARNASSE - 6ᵉ
**01 40 51 34 50**

**HARRY'S
NEW-YORK**
5, RUE DAUNOU - 2ᵉ
**01 42 61 71 14**

# Cabarets
## SPECTACLE

**BRAZIL TROPICAL**
36, RUE DU DÉPART - 15ᵉ
**01 42 79 94 94**

**CHEZ MICHOU**
80, RUE DES MARTYRS - 18ᵉ
**01 46 06 16 04**

**CRAZY HORSE**
12, AV. GEORGE V - 8ᵉ
**01 47 23 32 32**

**FOLIES BERGÈRES**
32, RUE RICHER - 9ᵉ
**01 44 79 98 98**

**LIDO (LE)**
116, AV. DES CHAMPS-
ELYSÉES - 8ᵉ
**01 40 76 56 10**

**MOULIN ROUGE**
82, BLD DE CLICHY - 18ᵉ
**01 53 09 82 82**

**PARADIS LATIN**
28, RUE CAL LEMOINE - 5ᵉ
**01 43 25 28 28**

**PAU BRAZIL**
32, RUE TILSIT - 17ᵉ
**01 53 57 77 66**

**RASPOUTINE**
58, RUE BASSANO - 8ᵉ
**01 47 20 04 31**

# Strip-
## TEASE

**HUSTLER**
13-15, RUE DE BERRI - 8ᵉ
**01 53 53 86 00**

**PINK PARADISE**
51, RUE DE PONTHIEU - 8ᵉ
**01 58 36 19 20**

**STRINGFELLOWS**
27, AV. DES TERNES - 17ᵉ
**01 47 66 45 00**

# CONCERT HALLS
## SALLES DE CONCERTS

**BATACLAN (LE)**
50, BLD DE VOLTAIRE - 11ᵉ
**01 43 14 35 35**

**CAFÉ DE LA DANSE**
5, PASS. LOUIS-PHILIPPE - 11ᵉ
**01 47 00 57 59**

**CIGALE (LA)**
120, BLD ROCHECHOUART - 18ᵉ
**01 49 25 89 99**

**ELYSÉE-MONTMARTRE**
72, BD ROCHECHOUARD - 18ᵉ
**01 44 92 45 36**

**OLYMPIA**
28, BD DES CAPUCINES - 9ᵉ
**08 92 68 33 68**

**PALAIS DES CONGRÈS**
PORTE MAILLOT - 17ᵉ
**01 40 68 00 05**

**PALAIS OMNISPORTS DE PARIS BERCY**
8, BD DE BERCY - 12ᵉ
**01 40 02 60 60**

**TRIANON (LE)**
80, BD ROCHECHOUART - 18ᵉ
**01 44 92 78 04**

**ZENITH**
211, AV. J-JAURÈS - 19ᵉ
**01 42 08 60 00**

# NIGHT

## Clubs &
## Clubs Privés

**BAINS (LES)**
7, rue du Bg-L'Abbé - 3e
**01 48 87 01 80**

**BARRAMUNDI (LE)**
3, rue Taitbout - 9e
**01 47 70 21 21**

**BARON (LE)**
6, av. Marceau - 8e
**01 47 20 11 10**

**CABARET (LE)**
2, pl. du Palais-Royal - 1er
**01 58 62 56 25**

**CHEZ CASTEL**
15, rue Princesse - 6e
**01 40 51 52 80**

**ENTRACTE (L')**
25, bld Poissonnière - 2e
**01 40 26 60 31**

**ETOILE (L')**
12, rue Presbourg - 16e
**01 45 00 78 70**

**LOCOMOTIVE (LA)**
90, bld de Clichy - 18e
**01 53 41 88 88**

**MONTECRISTO CAFÉ**
68, av. Champs-Elysées- 8e
**01 45 62 30 86**

**NIRVANA**
3, av. Matignon - 8e
**01 53 89 18 91**

**PLANCHES (LES)**
40, rue du Colisée - 8e
**01 42 25 11 68**

**PIED DE CHAMEAU (AU)**
20, rue Quincampoix - 4e
**01 42 78 35 00**

**QUEEN**
102, av. des Champs-
Elysées - 8e
**01 53 89 08 90**

**RÉGINE'S CLUB**
49, rue de Ponthieu - 8e
**01 43 59 21 13**

**RITZ CLUB**
15, place Vendôme - 1e
**01 43 16 30 90**

**SCALA (LA)**
188, bis rue Rivioli - 1e
**01 42 61 64 00**

**V.I.P.**
76, av. des
Champs-Elysées - 8e
**01 56 69 16 66**

**WAGG (LE)**
62, rue Mazarine - 6e
**01 53 10 19 99**

# MUSICAL

## Lounge
## Scènes
## Musicales

**ARBUCI (L')**
25, rue de Buci - 6e
**01 44 32 16 00**

**HOUSE OF LIVE**
124, rue de la Boétie - 8e
**01 42 25 18 06**

**JAVA (LA)**
105, rue Faubourg du
Temple - 10e
**01 42 02 20 52**

**NOUVEAU CASINO (LE)**
109, rue Oberkampf - 11e
**01 43 57 57 40**

**OPUS (L')**
167, quai de Valmy - 10e
**01 40 34 70 00**

**QUAI DU BLUES**
17, bld Vital Bouhot
92200 Neuilly
**01 46 24 06 11**

**RÉSERVOIR (LE)**
16, Rue de la Forge Royale
- 11e
**01 43 56 39 60**

**SATELLIT CAFÉ**
44, rue de la Folie
Méricourt - 11e
**01 47 00 48 87**

**SCÈNE (LA)**
2, bis rue Taillandiers - 11e
**01 48 06 12 13**

# EVENT PLANNERS

## GESTION D'ÉVÉNEMENTS

**AVENEMENTS**
55, RUE DE CHÂTEAUDUN - 9ᵉ
**01 53 20 91 00**

**EVELYNE LAYANI - ELO (MARIAGES)**
159, AV DE MALAKOFF - 16ᵉ
**01 44 17 05 05**

# WINE Shops

## CAVES À VINS

**REPAIRE DE BACCHUS (LE)**
147, RUE ST DOMINIQUE - 7ᵉ
**01 45 51 77 21**
12, CITÉ BERRYER - 8ᵉ
**01 42 66 34 12**
58, RUE D'AUTEUIL - 16ᵉ
**01 45 25 09 75**
11, RUE LE MAROIS - 16ᵉ
**01 45 27 70 10**
30, RUE MOINES - 17ᵉ
**01 46 27 77 99**
6, RUE BAYEN - 17ᵉ
**01 47 66 76 75**

**CAVES TAILLEVENT (LES)**
199, RUE DU FAUBOURG SAINT-HONORÉ - 8ᵉ
**01 45 61 14 09**

**CAVES PETRISSANS**
30, BIS AV NIEL - 17ᵉ
**01 42 27 83 84**

**CAVES DU SAVOUR CLUB (LES)**
125, BIS BD MONTPARNASSE - 14ᵉ
**01 43 27 12 06**

**DE VINIS ILLUSTRIBUS**
48, RUE LA MONTAGNE SAINT-GENEVIÈVE - 5ᵉ
**01 43 36 12 12**

**VINS RARES PETER THUSTRUP**
11-13, RUE PERGOLÈSE - 16ᵉ
**01 45 01 46 01**

**GRANDES CAVES DE L'AVENUE DES TERNES (AUX )**
72, AV DES TERNES - 17ᵉ
**01 45 74 55 66**

**ARTCURIAL BRIEST - POULAIN - LE FUR**
2, PLACE DE LA PORTE MAILLOT - 17ᵉ
**01 58 05 06 07**
7, R-P CHAMPS-ELYSÉES - 8ᵉ
**01 42 99 20 20**

**AU VERGER DE LA MADELEINE**
4, BD MALESHERBES - 8ᵉ
**01 42 65 51 99**

**LEGRAND FILLES & FILS**
1, RUE DE LA BANQUE- 2ᵉ
**01 42 60 07 12**

**JARDIN DES VIGNES (LE)**
91, RUE DE TURENNE - 3ᵉ
**01 42 77 05 00**

**DERNIÈRE GOUTTE (LA)**
6, R. BOURBON CHÂTEAU - 6ᵉ
**01 43 29 11 62**

**GRANDES CAVES (LES)**
70, RUE ST DOMINIQUE - 17ᵉ
**01 45 74 55 66**

**CAVES AUGÉ**
116, BD HAUSSMANN - 8ᵉ
**01 45 22 16 97**

# CIGAR Shops

## CAVES À CIGARES

**BOUTIQUE 22 DAVIDOFF (LA)**
22, AVENUE VICTOR HUGO - 1ᵉ
**01 45 01 81 41**

**CASA DEL HABANO**
169, BD SAINT-GERMAIN - 6ᵉ
**01 45 49 24 30**

**CAVE À CIGARES (LA)**
4, BD DEMAIN - 10ᵉ
**01 42 81 05 51**

**CIVETTE (LA)**
157, RUE SAINT-HONORÉ - 1ᵉ
**01 42 96 04 99**

**GEORGE V (LE)**
22, AVENUE GEORGES - 8ᵉ
**01 47 23 44 75**

**LEMAIRE**
59, AV VICTOR HUGO - 16ᵉ
**01 45 00 75 63**

**LOTUS (LE)**
4, RUE DE L'ARCADE - 8ᵉ
**01 42 65 35 36**

**POT À TABAC (LE)**
28, RUE DE LA PÉPINIÈRE - 8ᵉ
**01 45 22 29 14**

# Salles
# de Réception

### PRE CATELAN (LE)
ROUTE DE SURESNES - 16ᵉ
**01 44 14 41 14**

### PAVILLON DAUPHINE
PLACE DU MARECHAL DE LATTRE DE TASSIGNY - 16ᵉ
**01 45 00 52 73**

### PAVILLON GABRIEL
POTEL & CHABOT
5, AVENUE GABRIEL - 8ᵉ
**01 42 68 18 18**

### SALONS HOCHE (LES)
9, AVENUE HOCHE - 8ᵉ
**01 53 53 93 93**

### DOMAINE DE MONTCEL
3, RUE DE LA MANUFACTURE DES TOILES DE JOUY
78350 JOUY EN JOSAS
**01 30 97 09 71**

### HÔTEL MERIDIEN-ETOILE
81, BD GOUVION SAINT-CYR - 17ᵉ
**01 40 68 34 34**

### HÔTEL MERIDIEN-MONT-PARNASSE
19, RUE COMMANDANT RENÉ MOUCHOTTE - 14ᵉ
**01 44 36 44 36**

### PAVILLON D'ARMENONVILLE
ALLÉE DE LONGCHAMP - 16ᵉ
**01 40 67 93 00**

### ILE AUX PERROQUETS (L')
20, RUE DU COLONEL PIERRE AVIA - 15ᵉ
**01 53 98 84 00**

### MUSEE DES ARTS FORAINS
53, AVENUE DES TERROIRS DE FRANCE - 12ᵉ
**01 43 40 16 22**

### PLATEAU DE GRAVELLE (LE) BOIS DE VINCENNES
2, ROUTE DE PESAGE - 12ᵉ
**01 43 96 99 55**

### PYRAMIDES (LES)
16, AVENUE DE SAINT GERMAIN
78560 PORT MARLY
**01 34 80 34 80**

### HÔTEL FOUR SEASONS
31, AVENUE GEORGE V - 8ᵉ
**01 49 52 70 00**

### HÔTEL INTERCONTINEN-TAL
3, RUE DE CASTIGLIONE - 1ᵉʳ
**01 44 77 11 11**

### GRAND HÔTEL (LE)
2, RUE SCRIBE - 9ᵉ
**01 40 07 32 32**

### NOCES DE JEANNETTE (LES)
14, RUE FAVART - 2ᵉ
**01 42 96 36 89**

### BONNE FRANQUETTE (LA)
2, RUE DES SAULES - 18ᵉ
**01 42 52 02 42**

# INDEX PAR ORDRE ALPHABETIQUE

# Commandez 2 guides et recevez le 3ᵉ gratuit !

**BEST RESTAURANTS IN PARIS**
L'original ! 250 restaurants avec une photo panoramique de la salle et un portrait du chef et du propriétaire ou directeur référencés par catégories dans un guide de poche (9,5x17,5 cm). Bilingue français-anglais. € 7,50

**BEST MENUS IN PARIS**
Toute l'information sur les meilleurs restaurants parisiens ! Ce magazine (19x28 cm) présente chaque printemps et chaque automne, une sélection de cinq entrées, cinq plats et cinq desserts, aux prix actualisés et précis. L'information est complétée par des photos pour chaque restaurant, rédigé uniquement en français. € 8,50

# Best Restaurants in Paris is on sale in 30 countries

- AUSTRALIA
- GERMANY
- PORTUGAL
- AUSTRIA
- GREECE
- RUSSIA
- BELGIUM
- HOLLAND
- SAUDI ARABIA
- BRAZIL
- INDIA
- AFRICA SOUTH
- CANADA
- ISRAEL
- SPAIN
- CHINA
- ITALY
- SWEDEN
- DENMARK
- JAPAN
- SWITZERLAND
- ENGLAND
- MEXICO
- TUNISIA
- FINLAND
- MOROCCO
- TURKEY
- FRANCE
- NORWAY
- U.S.A

# Best Restaurants in Paris est vendu dans 30 pays

Diffusion Editions Filipacchi
6209746 _ 01/2005 _ **FR : € 7,50**
UE : € 8,50
US : $ 9,50
CA : $ 11,50
UK : £ 5,50

9 782850 189296